第一册

The Guidance for Adolescent Development

青少年发展指导

聂衍刚◎主　编

窦　凯　黎耀威◎副主编

北京师范大学出版集团
BEIJING NORMAL UNIVERSITY PUBLISHING GROUP
北京师范大学出版社

图书在版编目(CIP)数据

青少年发展指导(第一册) / 聂衍刚主编. —北京:北京师范大学出版社,2024.4

ISBN 978-7-303-29167-0

Ⅰ.①青… Ⅱ.①聂… Ⅲ.①青少年教育 Ⅳ.①G775

中国版本图书馆 CIP 数据核字(2023)第 096921 号

图书意见反馈 gaozhifk@bnupg.com 010-58805079

QINGSHAONIAN FAZHAN ZHIDAO DI-YICE

出版发行:北京师范大学出版社 www.bnupg.com
        北京市西城区新街口外大街 12-3 号
        邮政编码:100088
印　　刷:北京虎彩文化传播有限公司
经　　销:全国新华书店
开　　本:890 mm×1240 mm 1/32
印　　张:8.375
字　　数:236 千字
版　　次:2024 年 4 月第 1 版
印　　次:2024 年 4 月第 1 次印刷
定　　价:48.00 元

策划编辑:周雪梅　　　　　责任编辑:葛子森
美术编辑:焦　丽　李向昕　装帧设计:焦　丽　李向昕
责任校对:陈　荟　　　　　责任印制:马　洁

编委会

前　　言

　　高中阶段的学生正处于从少年向成年过渡的时期。在经历了初中阶段心理与生理的"暴风骤雨"般的剧变之后，高中生的生理和心理逐渐走向成熟，开始形成稳定的世界观、人生观和价值观，自我意识显著增强，并开始为人生的未来道路进行选择和规划。此时对他们进行系统的发展指导，意义重大！新高考制度的施行对新时代高中生迎接人生一次重大转折增加了新的挑战和发展机遇，因此对于绝大多数高中生来说，尽早结合自己的兴趣、能力和规划来选择考试科目，逐渐对自己、对社会、对大学专业形成准确的认识，从心理、学业、生活等多个方面做好充分准备，将有利于为自己的生涯规划和健康发展打下坚实的基础。因此，无论从稳妥推进新高考改革、学校特色化办学，还是从激发学生动力和促进学生全面而有个性的发展出发，学生发展指导对于每个学生人生价值的实现都具有重要意义。

　　那么，如何在高中阶段为学生提供科学有效的发展指导呢？1999年，《中共中央　国务院关于深化教育改革全面推进素质教育的决定》颁布，我国教育模式逐渐向重视学生主体地位、促进学生发展的方向转变。2010年，《国家中长期教育改革和发展规划纲要（2010—2020年）》颁布实施，明确指出"高中阶段教育是学生个性形成、自主发展的关键时期，对提高国民素质和培养创新人才具有特殊意义"，并强调在普通高中"建立学生发展指导制度，加强对学生的理想、心理、学业等多方面指导"，这无疑是普通高中在提升学生综合素质方面的重要举措，也推动了我国学生发展指导研究与实践的不断前进。2019 年 6 月 19 日，《国务院办公厅关于新时代推进普通高中育人方式改革的指导意见》（以下简称《意见》）正式发布，其中第五部分"加强学生发展指导"，强调要"注重指导实效"和"健全指导机制"。这是我国政府首次将"学生发展指导"提升到"推进育人方式改革"的高度，充分说明了政府对"学生发展指导"的高度重视和殷切期盼。那么，高中学校究竟如何在新时代背景下贯彻党的二十大精神，落实立德树人根本任务？学校如何在党组织和校长的领导下，切实贯彻上述国家政策对普通高中学校发展指导的意见，建设具有校本特色的发展指导顶层设计与课程体系？这将是普通高中学校面临的重要且亟待解决的现实问题。

在这一背景下，广州大学教育学院聂衍刚教授带领青少年心理与行为研究中心团队，与北京师范大学发展心理研究院高中生发展指导研究中心主任、长江学者方晓义教授带领的研究团队合作开展了学生发展指导的探索和实践。遵照《意见》的精神，依据方晓义教授的"高中生全方位三级发展指导模式"理论，充分考虑高中不同阶段学生的发展特点和需求，致力于促进学生核心素养的提升，本团队编写完成了本套教材，这也是聂衍刚教授所承担的教育部人文社会科学重点研究基地重大项目"小学生和初中生发展指导及其效果的研究"（16JJD880006）和广州市番禺区教育局委托项目"高中学生发展指导的实验研究"的重要研究成果之一。

　　本套教材是学生用书(第一册至第三册),适用于高一至高三年级,内容涵盖了学业指导(包括升学准备、升学能力和升学责任)、生涯指导(包括生涯探索、目标设定、求职技能和生涯准备)、心理指导(包括自我与他人、应对压力、人际技巧、领导能力、反思能力和情绪管理)、品德指导(包括价值观、理想、道德发展和亲社会规范)、生活指导(包括健康行为、自理能力、闲暇管理和异性交往),且根据不同年级学生发展的实际需求和年级特点进行分类编排,旨在为高中生的全面发展提供指导服务。本套教材包括 38 课的内容,其中第一册共 17 课,第二册共 11 课,第三册共 10 课。教师可以根据实际情况灵活选择每册的课程,也可依据人才培养目标和学校实际情况来选择课程。

　　每一课的内容都聚焦某一主题,按照问题导入、知识导航、主题活动、拓展延伸和课后任务 5 个环节为主线索进行设计,满足高中生全方位三级发展指导模式所确立的人才培养目标。

　　【问题导入】以案例、导言或想一想等方式作为每一课的内容导入,便于学生围绕某一主题进行探究。

　　【知识导航】围绕知识层面的目标,对核心知识点、相关概念等进行知识层面的解析,让学生充分理解高中生发展的特点与规律。

　　【主题活动】以活动体验为主线,每一课都精心设计了多个主题活动,包括游戏活动、知识分享、小组研讨和团体辅导活动等,便于学生在轻松愉悦的课堂氛围中掌握知识和技能。

　　【拓展延伸】为学生提供与每一课主题相关且有一定深度的心理学知识、研究前沿或哲学故事等,以满足学生的个性化需求。

　　【课后任务】设计简单、便于操作的课后任务,一方面达到巩固知识的目的，另一方面有利于学生在课余时间充分认识自我、体验自我、发展自我。

本书主编和课程编写者均为国内具有学生发展指导经验的高校或高中教师，包括发展与教育心理学研究领域的专家、中学校长、学生发展指导教师和心理健康教师等。本书共包括 17 课，第一课至第五课为学业发展指导（涵盖升学准备和学习责任），第六课至第八课为生涯发展指导（涵盖生涯探索），第九课至第十三课为心理发展指导（涵盖情绪管理、自我与他人），第十四课和第十五课为品德发展指导（涵盖道德能力培养），第十六课和第十七课为生活发展指导（涵盖自理能力和健康行为）。

衷心地希望本书能为普通高中学校开设学生发展指导类课程提供参考，也希望学生喜欢上学生发展指导课程，在高中阶段尽早地理性认识自我，树立远大理想和目标，并保持积极向上、自尊自信的社会心态，祝愿每个学生都拥有快乐、美好、成功的人生。

衷心感谢所有编委和参编老师的无私奉献与大胆创新，感谢广州市番禺区教育局及六所实验学校的支持和参与，感谢北京师范大学出版社的大力支持，尤其是周雪梅博士等编辑为本套教材的出版付出的辛勤劳动，他们对本套教材给予了细致审校。

由于编者的水平有限，书中难免存在不足之处，敬请各位同行和老师批评指正。

编委会

2023 年 12 月

目 录 | contents

第一课

轻松上线，迎接挑战

🔍 问题导入

　　某电影制片厂要在两名考生中选取一名见习演员。工作人员告诉他们："一旦进入指定的房间，我们的考试就开始了。"甲被指定进甲室，乙被指定进乙室。甲敲了两下门，里面便传出清脆的声音"请进"。甲推门进去，室内有一个正在梳妆的少女，她从穿衣镜里看到进门的甲，便惊喜异常地扭过身来，快步迎上来，亲昵地喊："哥哥。"甲先是一愣，脸红至脖子，然后连连后退："你，你，你认错人了吧!"乙连敲几次门，屋里才传出细声的回应："进来吧。"乙推门进去，见一位老太太模样的人，正戴着花镜对着光穿线。他一下子扑上去，离老太太一米左右，便跪着前进，扑进老太太怀里，双手捧着老太太的脸庞端详，声泪俱下地说道："妈妈! 妈妈! 儿子回来看您了!"乙出色地演出了一场游子归来的戏。

　　最终，乙被录取了。

　　在不同的发展阶段，人们有着不同的角色，不同的角色会有不同的任务和要求。一个人要以最快速度进入角色，完成自己的任务，达到角色要求，才能最大限度地抓住机遇。

这两名考生的明显区别在哪里？从心理学的角度看，他们的思维品质截然不同。甲属于迟钝、固执型，乙属于敏捷、灵活型。

知识导航

一、适应新的学习环境

从初中升入高中，校园环境的转变对高一学生提出新的要求。高一学生需要迅速熟悉新的学习环境。人对所处环境的熟悉程度，会直接影响到人的适应状况。熟悉新的校园环境有助于学生产生亲切感和安全感，使其情绪处于相对放松的状态，有利于提升学习效率。总的来说，校园环境可以主要分为三个方面：硬件设施、管理制度和校园文化。熟悉这三个方面有利于高一新生迅速融入新的学习环境，顺利过渡到新的学习阶段。

(一)硬件设施

硬件设施主要通过学校的物质条件来体现。学校有多少建筑、教室如何分布、班主任和科任教师的办公室在哪里、食堂和操场在哪儿、图书馆有多少书籍、是否有心理咨询教师等问题都可以通过班主任和科任教师的详细回答来了解。每个学生都应积极利用学校的各种设施促进自己更好地发展，如闲暇时通过借阅图书馆的书籍来拓宽自己的知识面，学习疲倦时通过运动来放松解压，情绪难以调节时主动向学校的心理咨询教师求助。

(二)管理制度

制度文化主要通过学校的管理制度体现。学校的管理制度既包括对教师的组织和领导，也包括对学生的规范和要求。每个学生都应尽量熟悉学校的《学生守则》，规范自己的行为，在符合学校的管理制度的前提下学习和生活，如遵守学校的作息时间、恪守学校的教学安排。当然，每个学生都有权利在符合规范的条件下凸显自己的个性，也有权利融入学校的制度文化建设，通过积极建言献策推动学校的制度文化建设。

(三)校园文化

校园精神文化建设是校园文化建设的核心内容，也是校园文化的最高层次。它主要包括校园历史传统和被全体师生认同的共同文化观念、价值观念、生活观念等意识形态的建设，是一个学校本质、个性、精神面貌的集中反映。校园精神文化又被称为"学校精神"，具体体现在校风、教风、学风、班风等方面。健康的校园文化可以陶冶学生的情操，启迪学生的心智，促进学生的全面发展。学生是校园精神文化建设的主体之一，学生的行为表现直接影响学风、班风、校风。营造勤奋努力的学风、塑造团结奋进的班风、构建拼搏进取的校风是每个学生的义务，有利于高一新生在良好的校园文化中健康发展。

二、建立维持同伴关系

义务教育入学政策规定在小升初阶段实行划片招生，绝大部分初中生都离家很近，很少有学生离开父母独立生活。升入高中后，有相当一部分学生开始了他们的寄宿生活，在或长或短的时间内要与父母分离。

进入青春期以后，人的自主性要求会越来越高。一方面，高中生不仅客观上会经历与父母的分离，而且主观上对父母的心理依赖也会逐渐减轻。另一方面，高中生心智发展尚不成熟，仍然需要人际关系来满足情感联结和归属需要。此时，同伴关系对高中生的健康发展越来越重要，建立和维持新的人际关系也是高一学生面临的重要任务之一。

因环境改变而引发人际交往障碍的在高一新生中约占半数。对于大部分学生来说，需要经过半年左右的适应期，才能真正融入新环境中去。因此，每个新生对同伴关系的建立和发展都应保持积极乐观的心态，给自己充分的时间，在有共同兴趣爱好的基础上与同学坦诚交往，建立对双方发展都有积极影响的人际关系。性格偏内向的学生，在缺乏主动性的基础上，更容易产生人际交往问题。高一新生，特别是性格内向的学生，要想尽快适应新的环境，建立积极的同伴关系，需要想办法寻找自己身上的优点，给自己积极的心理暗示，乐观自信地与同学交流，发掘共同的兴趣爱好，建立深厚的友谊关系。

青少年在同伴交往中，需要注意一些问题。一是不要结交不良同伴，特别是那些行为越轨的社会闲杂人员。青少年本身极易受到同伴的影响，同时各类问题行为又有极强的感染效应，结交不良同伴会让青少年习得各种问题行为的风险大大增加，会进一步影响学业和生活。二是对同学抱有善意。首先，要怀有一颗包容的心去接纳内向的同学，形成良好的同伴关系和校园氛围。其次，积极主动地融入集体生活，可以在沟通、运动、学习交流的过程中建立起安全的同伴依恋。

三、认清自己的学习风格

学习风格是个体在长期的学习过程中逐渐形成的相对稳定的行为模式，它是学习者惯常使用的、有所偏爱的学习策略和学习方式。学习风格本身没有好坏之分，但学习风格直接参与学习过程，因此中学生了解自己的学习风格，使学习安排符合学习风格，将有助于学习效率的提高。

(一)场独立型和场依存型

一种常见的分类是将学习风格分为场独立型和场依存型。场独立型的人较少受到外界因素的影响，他们倾向于利用内部因素为参照来对客观事物做出判断；他们在认知方面独立于周围的背景，更多地对事物进行抽象的加工和分析。场依存型的人对外界因素较为敏感，他们特别注意且善于记忆人际交往中的各种信息，更多地以外界因素为参照对事物进行加工。研究发现，场独立型的学生往往偏爱自然科学，而场依存型的学生往往偏爱社会科学，场依存型的学生更加适应严密结构、固定安排的教学方式，而场独立型的学生更加喜欢相对开放、限制不严的教学方式。

(二)视觉型、听觉型和触觉型

另一种常见的分类是根据感官类型将学习风格分为视觉型、听觉型和触觉型。视觉型学习者更多依靠视觉来对学习材料进行加工，他们在对立体的、形象的信息进行加工时效率更高。视觉型学习者应当多使用图表、地图、胶片、幻灯片等视觉辅助性工具，多练习将词汇或概念等在脑海里视觉化或形成图像。听觉型学习者对声音信息较为敏感，他们更多依靠听觉来对学习材料进行加工。听觉型学习者在听课时应尽可能坐在能够听得最清楚的地方，也可以尝试使用录音来弥补自己书写笔记的不足，借助音频材料来辅助学习。他们在学完某些内容之后进行总结并朗读出来也会对学习效果有促进作用。触觉型学习者更偏好通过触感辅助加工学习材料。当然，由于很多学习内容无法直接接触，因此触觉型学习者更多是接触学习资料，如多做笔记，特别是制作可以随身携带的便条、学习卡片。他们也更喜欢可以实际操作的课程内容，如亲子共同参与某些实验，在操作中学习。

主题活动

主题活动一： 熟悉校园环境

（一）活动目的

适应新环境。

（二）活动内容

（1）以小组为单位参与校园深度游，画出校园平面示意图和教室分布图，交流讨论各个小组绘制的平面图是否准确。

（2）以小组为单位阅读和讨论学校的学生守则，熟悉其中与自己的学习生活息息相关的内容。

（3）以小组为单位针对班风、学风建设进行讨论，各个小组依次总结发言，将重要的内容记录成文，形成班级共识。

主题活动二： 人际关系案例分析

（一）活动目的

了解影响人际关系的因素。

（二）活动内容

下面是一些学生在进入高中后的表现，思考一下，你觉得问题出在哪儿？你从下面的案例中能得到什么启发？

案例 1：晓彤对学习一直很自觉，成绩很稳定。在初中的时候，她与两个关系特别好的同性朋友建立了相当牢固的人际圈子，幸运的是她们到了同一所高中，而且晓彤的两个朋友就在她的隔壁班。课间她们可以一起聊天、吃饭、归寝，大部分时间也都在一起，她也没有什么特别不好的感觉，根本没有想到要在本班发展伙伴。一年后，由于班级调整，她和原来的两个朋友距离远了，曾经拥有的圈子消失了，需要伙伴的时候，她才发现自己身边竟然没有朋友。看着班里其他同学说说笑笑，她觉得空前孤独，在碰到一些不顺心的事情时，总想回家倾诉。

案例 2：珊珊每天早上起得较早，她一起床，动作就特别大，水龙头开得哗哗响，洗漱的声音特别大，经常影响其他同学正常休息。同学们很有意见，她自己却认为没有什么不对的。后来，其他同学在寝室里都不太愿意和她交流，珊珊自己也很痛苦。

案例 3：徐亮对人很热情，朋友也很多，近来他很苦恼，经常有同学请他帮忙，占用了他大量学习时间。有一次一个同学要演讲，来求他写演讲稿，如果答应会耽误学习，如果不答应又对不起朋友。徐亮很郁闷，不知道如何是好。

主题活动三： 互动小游戏

(一)活动目的

通过训练活动让每个学生对新集体和新同学有更深的认识。

(二)活动准备

(1)将同学分为 10 个小组，每个小组中的人数、性别尽量平衡。

(2)把教室里的桌子移走，将椅子摆放在教室四周围成一圈，也可在室外空地上进行。

(3)准备用具：A3 纸 10 张、白板笔 10 支、A4 纸 10 张、水性笔 10 支、小指粗 3 米长的普通塑料管 10 根、相机、摄影机(用于记录活动，若无须记录则可不要)。

(三)活动过程

教师：请大家听我的口令。

(1)请喜欢吃米饭的站在我的左边，喜欢吃面食的站在我的右边。请看看你的四周，有哪些人和你有相似的兴趣，打声招呼，握个手或拥抱一下，认识一下。

(2)请喜欢城市生活的站在我的左边，喜欢乡村生活的站在我的右边。

(3)请喜欢热闹的站在我的左边，喜欢安静的站在我的右边。

(4)请喜欢晚睡的站在我的左边，喜欢早睡早起的站在我的右边。

(5)请喜欢运动的站在我的左边，不喜欢运动的站在我的右边。

教师：接着，我们一起来开火车。

我们都知道火车有很多节车厢。现在让我们按照生日先后顺序组成一节接一节的车厢，最后形成长长的火车。大家注意了，你觉得自己在哪个位置就站在哪个地方，不要出声。那么，怎样才能找到自己的位置呢？

好，我们的火车要开动了，请从1月份过生日的同学开始，介绍一下你的名字，你希望班里的同学喊你什么，你的生日是什么时候，你小时候的梦想是什么，等等。

⚙ 拓展延伸

知识窗：场独立和场依存

场独立和场依存两种不同的认知风格是如何被发现的？在

第二次世界大战期间，威特金（Witkin）为了研究飞行员的感知觉，专门设计了一种可以摇摆的座舱，舱内安置了一把可调节的座椅，观察飞行员怎样利用来自身体内部的线索和见到的仪表的线索来调整身体的位置使身体保持垂直。研究发现，当座舱倾斜时，一些飞行员主要利用来自仪表的视觉线索，使自己的身体恢复垂直，而另一些飞行员则主要利用来自身体内部的线索，尽管座舱倾斜，但仍能使身体保持垂直。威特金将前一种知觉方式称为场依存型，将后一种知觉方式称为场独立型。

趣味小测试

一、测试内容

关于下面每个问题，请选择第一个出现在你脑海中的答案，答案无好坏、正确之分，请尽可能忠实地回答每个问题。

1. 你愿意采用哪种方式了解计算机是如何工作的？（　　）

A. 看一部这方面的电影

B. 听老师对它的解释

C. 把计算机拆开并试图自己发现规律

2. 为了寻找乐趣，你喜欢阅读什么样的书？（　　）

A. 带有很多图片的旅游用书

B. 有很多对话的神秘的书

C. 能回答问题和解密的书

3. 当你不能确定如何拼写一个单词时，你最有可能做什么？
（　　）

A. 把它写出来，看它是否正确

B. 把它读出来

C. 查字典

4. 你参加了一次宴会，第二天你最有可能回忆起什么？
（　　）

A. 参加宴会人的脸，而不是名字

B. 参加宴会人的名字，而不是面孔

C. 在宴会上你所做的事和说的话

5. 为了准备考试，你会如何学习？（　　）

A. 读笔记，读标题，看图示和图解

B. 让别人问你问题，或者自己默默地复述一些事实要点

C. 在索引卡片上记录并设计模型和图示

6. 当你看到一个单词"dog"（狗）时，你首先想到什么？
（　　）

A. 想到一个特定的狗的图片

B. 默默对自己说"dog"这个单词

C. 出现一种牵着狗的感觉（如抚摸它、遛狗等）

7. 当你想集中精力时，你觉得最让你分心的是什么？
（　　）

A. 视觉干扰

B. 噪声

C. 其他一些感觉，如饿、鞋子紧或担心等

8. 你喜欢用什么方式解决问题？（　　）

A. 做一个清单，把每一步组织好，做完后检查

B. 打几个电话，跟朋友或专家聊聊

C. 设计一个问题的模型，在头脑中把所有的步骤演练一遍

9. 在电影院门口排长队时，你最有可能做什么事？（　　）

A. 看其他电影的宣传海报

B. 跟站在你旁边的人聊天

C. 跺脚或用其他方式慢慢向前移动

10. 你刚进入一家科学博物馆时，你首先会做什么？（　　）

A. 四下张望，找一个显示不同展位的地图

B. 跟博物馆的向导询问，请教有关展览的事情

C. 先走近一个看着有趣的展位，之后再看说明

11. 当你生气的时候，你最有可能做什么？（　　）

A. 沉着脸

B. 喊叫或"大发雷霆"

C. 跺着脚出去并甩门

12. 当你高兴的时候，你最有可能做什么？（　　）

A. 露齿而笑

B. 高兴地喊叫

C. 高兴得跳起来

13. 你愿意参加什么兴趣班？（　　）

A. 艺术班

B. 音乐班

C. 体操班

14. 当你听音乐时，你会做什么？（　　）

A. 白日梦（看着伴随音乐的图像）

B. 哼起来

C. 随音乐活动，如跺脚等

15. 你会怎样讲一个故事？（　　）

A. 写出来

B. 大声讲出来

C. 把它扮演出来

16. 哪种餐馆你可能不愿进入？（　　）

A. 灯太亮的

B. 音乐声太大的

C. 椅子不舒服的

二、计分方式

数一数你的选择：

A. _____（个）

B. _____（个）

C. _____（个）

三、结果解释

＊大部分选择 A 的人，偏向视觉学习类型，通过观察来学习。

＊大部分选择 B 的人，偏向听觉学习类型，通过听来学习。

＊大部分选择 C 的人，偏向触觉学习类型，通过触摸和行动来学习。

参见裴宇晶、邹家峰：《为自己的性格找份工作：九型人格与职业生涯规划》，北京，民主与建设出版社，2017。

课后任务

给父母或亲友写一封信，叙述你进入高中以来的经历与感受。

第二课

合理认知，发展自我

🔍 问题导入

刚入学时，赵铭是一个幽默活泼的男生，但最近他总是满面愁容、忧心忡忡的。班主任李老师发现情况之后，主动找到赵铭了解情况。经过一番交谈之后李老师才知道原来是最近的两次考试成绩让赵铭很受打击，压力激增。他很想努力学习把成绩提上来，但总静不下心来，经常感到莫名的烦躁；他想放松一下，但心里又有个声音在说："再不好好学习成绩会更差的。"赵铭陷在其中，觉得特别疲惫。

初中时，赵铭一直成绩非常优异，进入重点高中之后他才发现，很多同学在初中时都是班级里的佼佼者。第一次的考试成绩出来之后，赵铭的成绩很不理想，他安慰自己："刚升入高中还不适应；对于有些题目自己太粗心大意了；一次成绩不代表什么……"但是他还是明显地能够感受到父母的难过和紧张。赵铭为了能像在初中一样保持较好的成绩，开始拼了命地学，课堂上一刻都不敢放松，放学了也不再和同学们一起去打球了，晚上别人都睡了他还开着台灯默默学习，早上同学们还在睡觉时他就起床读书背单词。但是第二次的考试成绩依然没有达到他的预期。现在第三次的考试时间又快到了，赵铭心里特别紧张，担心自己的成绩依然不理想，他白天注意力不能集中，晚上经常失眠，甚至好多时候想放声大哭。

赵铭的情况可能是很多学生在进入高中之后都会遇到的，可能有几方面的原因。一是学习心态方面，赵铭在初中时成绩优异，进入高中之后对自己抱有很高的期望，导致自己的压力太大。心理学的研究指出，学习动机和学习效率之间是一种倒U形的曲线关系，中等程度的动机水平最有利于提高学习效率，动机太强导致压力太大，则会对学习效率产生负面影响。二是学习安排方面，赵铭因学习成绩不太理想而焦虑着急，打乱了自己正常的作息时间，不仅推掉所有休闲活动，甚至正常的睡眠时间也被占用，缺乏充分的休息影响身心状态并且进一步影响学习效率。

学习心态和学习计划都是受到自我概念特别是学业自我概念影响的，那么什么是自我概念？什么是学业自我概念？如何发展自我概念？下面的知识导航将围绕相关问题进行详细的讲解。

📎 知识导航

一、自我概念与学业自我概念

在心理学范畴内，自我也称自我意识、自我概念，是个体对自己存在状态四个维度（身体、学业、情绪和社会）的认知，主要包括对自己的生理状态、学业水平、心理状态、人际关系及社会角色的认知，是一种多维度、多层次的复杂心理系统。不同的学者从不同的角度对自我的结构进行了划分，即自我是由哪些基本表现形式构成的。根据国内外学者的观点，综合起来选择共同性较大的内容表述如下。

从主客体关系角度看，自我的结构包括主体自我（I）与客体自我（me）。主体自我指的是自我中积极地体验世界的那一方面（如感知、思考），是自我意识的主体，处于主动观察的主格地位，是自我的动力部分。客体自我指的是自我中被我们注意、感知、思考的那一方面（如行为、表现）。客体自我是被观察的部分，是处于宾格地位的自我意识的本体。客体自我制约着主体自我的活动，而主体自我是客体自我变化、发展的引导者。其实，我们熟悉的所谓"吾日三省吾身"，前一"吾"字是主体自我，后一"吾"字是客体自我。

从发展的层面看，自我的结构包括生理自我、学业自我、心理自我、社会自我。生理自我是自我意识的基本形态，是指个人对自己的身体的意识，包括占有感、支配感和爱护感等，还包括个体如何看待自己身体的层面，如身高、体重、容貌以及温饱感、舒适感、病痛等。学业自我是指个人在学业情境中所形成的有关自己学业发展的比较稳定的认知、体验和评价，包括对自己在不同学业领域中的学业能力、学业成就、学业情感及学业行为等的认知、体验和评价。心理自我就是个人对自己心理的意识，包括个人对自己的性格、智力、态度、信念、理想和行为等的意识，是个体如何看待自己心理世界的层面的认识和体验。社会自我是自我意识的核心，就是个体随着自身社会化的进程，通过角色的学习和实践，对自己在社会关系、人际关系中的角色的意识，包括个人对自己在社会关系、人际关系中的作用和地位的意识，个人对自己所承担的社会义务和权利的意识等。

学业自我从层次上可以分为一般学业自我及具体学科学业自我。一般学业自我又分为学业体验、学业行为、学业能力、学业成就四个维度。由于我们在知识基础和兴趣爱好、天赋等方面具有差异性，因此在进行学业自我评价时，不仅要结合多个维度，还应分学科进行评价。具体学科学业自我主要包括语文学业自我、政治学业自我、历史学业自我、地理学业自我、数学学业自我、物理学业自我、化学学业自我、生物学业自我、音乐学业自我、美术学业自我、体育学业自我、英语学业自我。高中学生的学业自我和成就动机的形成与发展会直接对其在学习情境中的体验、表现产生影响。学业自我积极的人，对自己的认识和评价会比较充分、准确，对目标的期望值就会比较高，在遇到挫折或者困难时，能最大限度地发挥主观能动性，采取恰当的措施来应对困境，因而能更好地适应面临的困难，不易产生倦怠反应，反之就会出现学习倦怠现象。个人对自己的生理、学业、心理、社会的种种意识，是密切联系在一起的，因而每一个人对自身的看法和态度都有独特的形式与内容。

二、高中学生的自我认知类型

青少年阶段是个体自我意识发展的一个重要而关键的时期。随着高中学生身体的迅猛发展，以及家庭与社会中的角色的改变，他们的自我认识、自我体验、自我调节等都发生了新的变化，从而加深了其自我意识的矛盾。与初中学生很关注自己的外在形象不同，高中学生更关心自己的人格特征和优缺点，能相对成熟地评价自我，对自己所从属的社会价值体系的反思开始出现。高中学生容易产生各种愿望和对未来的憧憬，但也逐渐发现，理想与现实之间的差距和冲突不断凸显，原本和谐的生活变得不协调了，他们甚至有时候把父母、师长的教诲和关心理解为难以忍受的压制。同时，由于抽象思维能力的发展，高中学生产生了对外界事物更多的批判和怀疑。正如美国心理学家霍林沃斯所说的，青春期正处于心理的断乳期。高中学生总是尽量摆脱过去的依从关系，追求独立，处处显示自己的力量。

高中学生的自我意识明显分化，意味着自我矛盾冲突的加剧，即"主体我"与"客体我"的矛盾斗争、"理想我"与"现实我"矛盾斗争的加剧。由于各人的具体情况不同，根据"理想我"和"现实我"统一性的不同，高中学生的自我认知类型可以分为以下几种。

(一) 自我肯定型

自我肯定型的人的自我统一，并且积极乐观。其特点是正确的"理想我"占优势，"理想我"与"现实我"能通过积极的矛盾斗争达到统一，转化为积极的自我。他们对"现实我"的认识比较清晰、客观、全面、深刻，对"理想我"的设想或规划比较正确、积极，既符合社会要求也符合自己的实际，是经过努力可以达到的。在通往"理想我"的道路上，自我肯定型的人善于总结经验教训，坚持不断地进行积极的自我调节。例如，不断考察"理想我"的正确性，丰富"理想我"的内容，增强"理想我"的信念，去掉"理想我"中不切实际或错误的部分；不断加强对"现实我"的观察、分析、评价，将其与"理想我"相对照，主动积极地坚持"理想我"，改变"现实我"。明白事物发展的方向是前进的、上升的，但道路是曲折的、迂回的。即使矛盾斗争的时间出于种种复杂的原因拖得长久一些，但最终也可以实现"理想我"。

(二) 自我否定型

自我否定型的人的自我统一，但消极悲观。其特点是对"现实我"的评价过低，所确定的"理想我"与"现实我"的距离太大，经过努力仍无法接近目标；或"理想我"与"现实我"的距离虽不大，但主观上缺乏自我驾驭的功能，心理上常呈现一种消极的防御状态。他们常常通过习惯了的（但可能是错误的）努力，去实现"理想我"。比如，用不适合高中的学习方法去学习高中的课程，在课业繁重的情况下仍长期补课，缺乏体育锻炼，长期处于高应激状态，导致身体在面对压力情境时会产生生理上的紧张感，晚上睡眠不足，白天无精打采，脾气暴躁，有些学生甚至出现了每逢考试就生病的情况。还有些学生处于高负荷的学习压力和考试竞争下，在受挫之后，对自我的学习行为表现产生疑虑，面对学业困难时，不能客观地评价自己，觉得就算努力也不会有所改善，伴随着这样的认知，出现紧张、畏缩的情绪和放弃学习的行为。他们不是通过积极地改变"现实我"去实现"理想我"，而是在一定程度上放弃"理想我"，保持"现实我"，进而在一定程度上否定"现实我"，由于心理上的自我暗示，导致越发自卑。

（三）自我矛盾、迷茫型

自我矛盾、迷茫型的人的自我没有统一，自我矛盾的强度较大，或延续时间比较长，新的自我久久不能确立，积极的自我难以产生，表现为自我认识、自我体验、自我控制缺乏稳定性和确定性。高中学生心中都承载着无数的梦想，渴望考上理想的学府，有抱负、有追求、有理想。成功的欲望强烈，特别是当市场经济将人们的成就意识凸显时，很多青少年心中涌动着追求成功的梦想，他们为自己设定了一个美丽的"理想我"。但自我矛盾、迷茫型的人升入高中后，在新环境中，面对新的竞争对手，学业压力的增大、生活环境和身份的转变，都使得他们心中的压力倍增，现实与心中的理想形成了巨大的差距，使他们出现了"理想真空带"与"动力缓冲带"，一时间找不到生活的方位。对"理想我"的渴望与对"现实我"的不满构成了自我认知矛盾和迷茫的来源，这时的他们会认不清自己在现实中的位置，不知道到底该怎样定位自己，甚至会怀疑自己原来的积极评价和远大理想。当"现实我"距离"理想我"太过遥远时，他们会产生各种各样的心理不适，变得没有动力，甚至无所事事。

正如文首案例中的男生，在初中时期的出类拔萃，使得他对"理想我"的设定较高，但升入高中后，在面对实力整体提升的新的竞争对手，学习内容和学习压力增大，生活、学习环境发生改变时，他所表现出来的"现实我"却不尽如人意。"现实我"与"理想我"之间的差距导致他开始怀疑自己原有的定位，对"理想我"的渴望和对"现实我"的不满，以及不知如何改变"现实我"、达到"理想我"的迷茫，是他缺乏动力的主要原因。

（四）自我扩张型

自我扩张型的人的特点是对"现实我"过度高估，以致形成虚妄的判定，虚假的"理想我"占了优势，"理想我"与"现实我"的统一是虚假的统一。这类人一般均属于过分"悦纳"自我，其表现形式略有不同。

一种情况是缺乏理智，在情绪冲动时不能自我控制。在通往理想的道路上，偶有"一得""一见"就以为自己已经达到十分了不起的地步，忘掉了"现实我"，忘掉了客观社会要求对自己的制约，开始进行种种自我设计，产生美妙体验。例如，有些学生在虚度大部分初中年华后，凭借最后半学期的突击冲刺，就考上了较好的高中。中考的成功经历，使得他们认为凭借自己的聪明才智，在高中三年期间可以复制初中的成功经验，平时不需要努力学习，在考前冲刺一番就能超越平时努力拼搏的同学，考取理想的学府，却忽视了高考与中考相比，考查范围更广更深、更具综合性，考查力度更大、更严格的事实。

另一种情况是用"幻想我""假想我""理想我"代替"现实我"，伪造一个能使他人满意并自我陶醉于其中的典型形象来充当真实的我，其自我带有扮演性和白日梦的特点。盲目的自尊、超常态的虚荣心、极强的心理防卫，使自我扩张型的人喜欢在自吹自擂中过日子，甚至但凡受到一点否定，就觉得别人是在嫉妒自己、针对自己。自我扩张型的人喜欢埋怨历史、社会和他人，人际关系欠佳，内心深处不愉快，并常常会发展出新的心理与行为上的障碍。

在特殊情况下，自我扩张型的人还会向更加消极的方面转化，发展为违反社会道德、社会义务，甚至以逆社会历史潮流的"理想我"作为自我期望、抱负与憧憬的目标，去改造"现实我"，取得在消极方面上的统一与转化。

（五）自我萎缩型

自我萎缩型的人的特点是"理想我"的极度缺乏或丧失，对"现实我"又深感不满。自卑心理非常严重时，还会导致自我拒绝心理。一旦发生自我拒绝心理，则不仅"理想我"与"现实我"难以统一，还会出现自暴自弃、自责、自轻等状态，会认为"理想我"是难以实现的，甚至是永远无法实现的，"现实我"太不"争气"，是无法改变的，甚至是无法容忍的。从对自己不满到自轻、自贱、自恨、自怨，越来越消沉，自我萎缩型的人对自己丧失信心，孤独沮丧，以致向更为严重的消极心理与行为发展。下面的句子就是自我萎缩型的观点的典型代表。

我是一个没有人关心的丑小鸭。

我是一个堕落的人。

我是一个成天无所事事的"游民"。

我是一个自我不完善的人，我简直是一个疯子！

我太没用了，我恨自己，也害怕自己。

我是一个庸人。

导致"自我扩张"和"自我萎缩"的主要原因是不良环境的影响、教育上的失误、心理上的障碍等。对于处于自我认知发展关键期的青少年来讲，经过及时调整和矫治，"自我扩张"和"自我萎缩"都是可以发生良性转化的。

自我认知中的自我评价是自我意识发展水平的主要标志，是自我调节的重要条件。自我评价的恰当和准确与否，对个体的个性发展起着至关重要的作用。恰当的自我评价可以激发个体的积极性，使其发挥自身潜能，能够产生正向的、积极的、愉快的自我情感体验；而过低的自我评价则会降低个体的社会自我要求水平，使其怀疑自己的潜能，产生自卑感，丧失信心，引起严重的自我情感创伤和冲突，做事畏缩不前。但过高的自我评价则必然与别人或社会对自己的评价不符，使人骄傲自大、盲目乐观，甚至会遭到别人的嘲笑和反对，引发同伴交往和人际关系的冲突。过高的自我评价导致较高的、超出自身潜能的自我要求水平，而往往又难以达到，从而导致个体对自我评价的怀疑。因此，自我评价过高，最终也可能会引发严重的自我情感创伤，产生不健康心理，影响个性健全发展，甚至导致不良行为的产生。

三、正确自我认知的途径

德国著名作家约翰·保罗曾说过，一个人真正的伟大之处，就在于他能够认识自己。如果一个人能对自我有一个全面的认识和评价，就能扬长避短，取长补短，控制自己、改变自己、完善自己，就能根据自己的实际情况选择相应的目标并为之努力奋斗。深刻了解和认识自我可以有以下途径。

（一）通过反身内省认识自我

在《论语》中有"吾日三省吾身"的要求。了解自己最重要的是时时刻刻不忘自我反省，从个人自我、社会自我和理想自我中随时检视自己的行为举止与内在思维。我们既是心理活动的主体，又是心理活动的对象，要经常对自己的心理、行为进行剖析，使自我评价逐步接近客观实际。首先，从自己眼中的"我"了解自己，即对"客体我"的了解。例如，"我是意志坚定的人吗？""在追求'理想我'的过程中我尽力了吗？""我的方式方向是否正确？"其次，从自己心目中的"我"了解自己。理想自我反映出个体对自己的期望。例如，"我对自己满意吗？""我对目标的设定是否切合自身的实际状况？"最后，从以往经历中的"自我"反省自身。对成败经验的分析，有助于我们发现自身存在的不足，对正确认识自身具有重要意义。例如，"在上一次成功/失败的经历中，自身存在哪些可取和不可取的方面？"内省可以让我们了解自己在智力、情绪、意志、能力、气质、性格和身体条件等方面的特点，将多个侧面的我统合起来，就可以形成对自己比较客观、全面的了解。

本课"问题导入"案例中的男生赵铭可以通过写日记、写周记、反思、总结等方式自省。首先，反思自己在两次考试中反映出来的问题，吸取教训，只有这样才能抓住主要矛盾，有的放矢地做出有针对性的调整，进而取得学业的进步。考试只是检测某段时期学习效果的手段，在学习过程中存在的问题将通过考试凸显出来，所以，每一次考试都应是查漏补缺、完善自身的过程。其次，他还需要反省自身在努力的过程中是否存在方式方法上的问题，如考试失利后通过熬夜、牺牲休息和体育锻炼的时间恶补，使神经长期处于紧绷状态，导致注意力难以集中、理解能力差、学习效率极其低下。学习方法错误往往不能带来攀上高峰的喜悦，而容易产生用力过度的脱力感和一次次失手坠落的恐惧。最后，该同学需要通过反思，分析目标的设定是否切合实际，与自身目前的能力水平是否相适应。可对目标设定进行调整，将一个大目标划分为循序渐进的小目标，就像上楼梯一样，一步一个台阶，脚踏实地地向前迈进。每前进一步，达到一个小目标，就会体验到成功的喜悦。

（二）通过他人评价认识自我

个体通过与他人交往沟通的社会实践活动，感受到他人对自己所做出的强烈或微小的反应，并以此来评价和认知自己，即从别人眼中的"我"来了解自己的方式可以被称为反射性评价。反射性评价基于他人对我们在情境中就这个认同所给人产生的印象的反馈，即我相信他人认为我是谁。当然，别人的态度不一定能全面评价一个人，但大多数人的态度总能够说明某些问题。美国社会学家查尔斯·霍顿·库利的"镜中我"理论认为，自我是通过他人的评价而形成的。因此，他人的评价是正确认识自我的重要标准。一个求学者如果不注意与老师、同学加强交流，就很难判断出自己的优势和劣势所在。而且，当我们与不同的人交往时，由于身份角色不同，所表现出的反应和态度以及得到的评价反馈也并不完全相同，因此不同的关系可以反映出我们不同的侧面，有助于我们更全面地认识自己。

反射性评价是个体通过亲历的情感体验和评价参照标准，

对与自身有价值关联的事实存在进行标准衡量、意义评价和尺度规范的认知过程，亦即个体从切身实际利益出发，对所获取的信息进行有效筛选过滤后，将他人评价中的部分有效信息汇集成自我认知的过程。主体相对于他人是作为价值客体而受其认知和评价的，主体在获取评价信息内容后对信息进行加工的过程中，"主体自我"又具有了价值主体属性。因此，反射性评价以他人对自我的评价内容为信息参照性系统，从而实现自我认知和自我评价的心理思维，"主体自我"自觉或不自觉地既是主体又是客体，亦即其自身属性的两重化。在此意义上，个体反射性评价活动就是个体将在生活实践中的他人对"我"的评价信息作为一种媒介工具，来对作为价值客体的"主体自我"进行认知、评价等活动。

（三）通过比较来认识自我

"以人为镜，可以明得失。"有比较才有鉴别。事实上，人们总是通过与他人比较来了解自己，与他人比较是个人获得自我了解的重要信息来源。但需要注意的是，比较的内容不同、比较的参照不同，对自己的了解也会不同。我们在获取他人对"客体我"进行的有效评价信息后再将其与他人做参照和比较的心理思维活动中，应尽量避免进行上行层次的社会比较和下行层次的社会比较。上行层次的社会比较意指行为主体倾向于与条件等级比自己高的他人进行比较，力图探寻自身与他人存在的差距，以达到提升和完善自我的目的。当主体主观倾向于认为自己可取得同样的或高出他人的积极正向的期望时，就会产生积极进取的内在驱动力，但若主体感到尽其所能仍无法达到其与上行层次的社会比较的目标时，就会产生严重的挫折感。而下行层次的社会比较意指行为主体倾向于和条件层次比自己低的、处境比自己差的以及在某特定特点或能力方面比自己差的他人进行比较，以此来维持或增强其自尊和主观幸福感，甚至产生自我服务偏见，以达到一种自我保护、自我满足和自我提升的目的。

上行层次的社会比较和下行层次的社会比较都是主体与他人或其他群体在诸如能力、利益得失、信息量及其他资源等方面的拥有度的不对称而进行的参照比较。不管是上行层次的社会比较还是下行层次的社会比较，都会导致比较效果的偏颇化，进而影响主体对自身的有效认知。不同的评价参照系统也会产生不同的效果，我们在获取他人评价自我的重要信息后所进行的自我评价、自我认知等活动中，选择过高或过低的评价参照系统都会给主体带来不利的影响。例如，文首案例中提到的男生，在初中时代学习出类拔萃，进入一所著名的高中后，因为与周围学生群体的比照而感到自己的能力欠佳，却忽视了随着自身水平的发展，面对的竞争对手的水平层次也整体提升了，所面对的竞争越来越激烈。一味将自己在中考的排名层次迁移至高中，选取在高中学校名列前茅的同学作为自身的评价参照体系，过大的差距容易带来强烈的挫败感，甚至使人失去前进的内在驱动力。

由此可见，不同的评价参照系统和环境背景下的主体所做的比较、参照显然会得出截然不同的结论，在缺乏直接的自身标准时，最好的解决方法之一便是主体适时寻找到适合自己的比较客体，将自己与相同水平的他人或差距保持在适当范围的他人进行比较，并正确看待比较结果。只有这样，方能对自己的观点和能力进行正确的评价，给个体的自我价值和自我能力带来积极正向的情感体验，从而推动自身的发展。

同时需要注意的是，比较的内容不同，人们对自身的了解也会不同。人们往往根据重要性和价值观选择所比较的内容，如对学业、事业、情感、家庭、经济、外貌、修养等的比较。因此，除了确立合适的参照系之外，明确自己比较的内容的选择取向，对于正确了解自我也是极为重要的。高中学生目前最重要的是对学业自我的认识和评价，在与同学比较的过程中，要根据自身的实际能力和水平选择合适的参照系，并且要把两者间的差距控制在合理范围之内。同时，除了比考试分数之外，更应注重比实际操作能力，通过比较，高中学生可以认识自己的长处和不足，认清自己在相比较的人群中所处的位置，以便扬长避短。

（四）通过自我测试及咨询认识自我

自我测试法是通过回答有关问题来认识自己、了解自己。这是一种比较简洁、经济的自我分析法。测试题目由心理学家经过精心研究设定，只要如实回答，就能在一定程度上了解自己的有关情况。在回答自测问题时，切忌寻找标准答案，而应该根据自己的实际情况如实作答。自我测试法在很多方面都可以应用，如性格测试、情绪测试、智力测试、技能测试、记忆力测试、创造力测试、观察力测试、应变能力测试、想象力测试、管理能力测试、人际关系测试、行动能力测试等。

除了自我分析外，高中学生还可通过向就业指导教师、心理教师和班主任等专业人士咨询来完善对自身的认识。专业人士能根据专业知识对高中学生的行为和表现做出客观、科学的评价，指出他们自身存在的实际问题。

综合运用以上方法，可以帮助高中学生通过对过去自我、现实自我与理想自我的纵向比较，发现自己的改变与进步，通过自己与各种人的横向比较，发现自己的优势与差距，并经常反省自我，逐渐形成对自己的客观认识和评价。当"理想我"与"现实我"趋于统一，"主观我"与"他观我"趋于一致时，个体对自我的认识会更加深刻、客观、理性。具有积极的自我认知不仅有助于高中学生了解自己的长处与优势，也有助于他们了解自己的不足与劣势，从而能够分析哪些目标是自己通过努力可以达到的，哪些目标是自己无法企及的，在此基础上才能找到自己人生的目标和方向，帮助自己向着理想迈进。但要注意的是，一个正确的认识，往往需要经过由物质到精神，再由精神到物质，即由实践到认识，再由认识到实践这样多次的反复，才能够完成。一个正确的自我认知，需要多次的反复才能完成，企图通过一堂课、一次会议、一个演说来改变一个人的自我认知水平，显然操之过急。

主题活动

主题活动一： 心灵导航

(一)活动目的

学习如何认识自我。

(二)活动内容

先来看一幅图(见图 2-1)，一只可爱的猫，它在镜子中看到的自己却是一头威猛的狮子。图片也许启发了你关于"我眼中的我与他人眼中的我"的思考，也许启发了你关于"现实中的我与理想中的我"的思考，总之它向我们抛出了关于自我的话题。

如果请同学们也来一次"照镜子"，你会用什么动物来代表自己呢？说一说该动物在你心中的形象和你为什么要选择它来代表自己。其他同学的选择又给你带来了什么启发？

图 2-1　镜子中的自己(狮子)

主题活动二：　认识关系中的自己

(一)活动目的

认识不同关系中的自己。

(二)活动内容

每一个"我"都是独特的宝藏，除了"照镜子"发现自己的独特性之外，还有什么方法可以用来全面地认识自己呢？今天我们就从多个角度来一探究竟。从横向来看，成长中的我们不仅仅是一个个完全独立的个体，我们还生活在社会中、生活在不同人际关系里，每一个人都是多种身份角色的总和。下面我们就来认识人际关系中多彩的我。

(1)请同学们举例，现在的我们有哪些身份角色。

(2)列出表格，在相应位置写下你最满意的两种身份，并在两种身份后面写上你认为明显的 2~3 个形象特征，如表 2-1 所示。

表 2-1　你最满意的身份及其形象特征

高中生		社团成员		班委	
儿子/女儿		公民		某某的朋友	
孙子/孙女		××爱好者		顾客	
哥哥/姐姐		组长/组员		……	

(3)作为学生的身份，我们又分别具有什么样的形象呢？请你邀请你的同桌来为你补充 2～3 个形象特征。

(4)请同学之间相互评价彼此。

(5)针对表格中的评价，小组分享、讨论。

(6)全班分享：

①那些你最满意的身份和特征为你赢得了什么？你还希望有所变化吗？

②同学对你的评价符合你自己的形象吗？给你什么启发？

主题活动三：自我塑造的聚焦

(一)活动目的

请学生根据自我评价、他人评价和小组交流的结果进行综合考量，并选出一个形容词。要求选出的形容词是你自己和同学们都普遍认可的，同时是你还不满意，希望进行改变的。

(二)活动内容

请每个同学拿出一张白纸，在纸上写出对以下问题的回答。

(1)哪个形容词是我最希望改变的？

(2)需要怎样的改变才能达到我希望的理想状态？

(3)如果理想状态是 10 分，我现在是几分的状态？

(4)在现在的状态的基础上提高 1 分，会是什么样子？

（5）实施什么行为才能达到提高 1 分的样子？

（6）如果提高了 1 分，谁会看到什么变化？他会怎么表达？

（7）如果在未来的一周内你坚持改变，结果会如何？

请对上述问题做出详细的回答，尤其是行为部分，需要写清楚具体的行为是什么，然后把你的回答交给你最希望看到你改变的那个人的手里。

本活动首先通过自主选择，让学生将自我塑造的大目标定义到某一特征的具体改变上，然后采用焦点解决的评量询问法进行自我塑造。评量询问法是在 1～10 的十点量表上反映个体目前的状态，探索希望达到的位置，个体可以根据问题的性质和自身的状态采取灵活的形式，以达到评量的目的。分数的提高可以反映个体的进步，也可以让个体探索如何达到现在的状态，以及需要做些什么来改变目前所处的位置。问题（6）、问题（7）的设计则是为了鼓励学生取得更大的进步，帮助他们增加达成目标的信心。

一周之后，让学生将上周写好的纸条交回来，在此之前需要最希望看到他改变的那个人将他的变化写出来，并打分，满分为 100 分。

每名学生在最希望看到他改变那个人的分数旁边打上自己对上一周执行情况的评分，满分为 100 分。

打分之后将自己的扣分原因、执行力不足的部分写出来，如果要在原有基础上再提高 1 分，该如何制订改善计划？如果时间为 1 个月，你会怎么安排？

请对上述问题做出详细的回答，尤其是行为部分，需要写清楚具体的行为是什么，然后把纸张装进专属信封，封好后放进讲台上的时空箱中。

1个月后，全班师生共同举办开箱仪式，学生根据自己在本月的执行情况和结果进行对照打分，并写下感想和下个月的执行计划，之后再度封箱。

⚙ **拓展延伸**

名人故事：认识你自己

一个名叫凯勒丰的青年，他与苏格拉底是相知极深的朋友。有一天，他特意跑到德尔斐神庙，向负责传递神谕的女巫请教一个问题：世上到底还有谁比苏格拉底更聪明？神谕曰：没有谁比苏格拉底更聪明。凯勒丰高兴地向苏格拉底展示了神谕的内容，可是他从苏格拉底的脸上看到的却是茫然和不安。

苏格拉底并不认为他是最聪明最有智慧的人。于是，苏格拉底决心要寻找一个智慧和声望超过他的人，以反证神谕的不成立。

他首先找到一个政治家。政治家以知识渊博自居，与苏格拉底侃侃而谈。苏格拉底从中看清了政治家"表面上自以为是，其实是无知"的真面孔。他想："这个人不知道善与美，却自以为无所不知，我却认识到自己的无知，看来我似乎比他聪明一点。"

苏格拉底还不满足，依然继续求证。他找到了一个诗人，发现这个诗人吟诗作赋全是出于天赋，却因为创作了几首诗而目空一切。接下来，苏格拉底又向一个工匠请教，想不到工匠竟重蹈诗人的覆辙，因一技在手便以为自己无所不能，这种狂妄反而消弭了他所拥有的智慧之光。

最终，苏格拉底悟出了神谕：神并非说苏格拉底最有智慧，而是以此警醒世人——"在你们之中，唯有苏格拉底这样的人最有智慧，因为他自知其无知"。人世匆匆，自以为是的大有人在。有几人能像苏格拉底那样虔诚地求证自己的无知呢？

"认识你自己"曾赋予苏格拉底一种深沉智慧的目光。而今，苏格拉底的证明则向我们开启了一扇智慧之门：许多时候，认识自己或者认识真理，都是从认识自己的无知开始的。

参见《名人的真实故事系列丛书》编写组：《苏格拉底 伏尔泰》，西安，未来出版社，2013。

▤ 课后任务

使用本课知识导航介绍的几种方法来对自己进行分析，详细描述自己的优点和缺点，制订改善方案和具体的执行计划。

第三课

目标引领，砥砺前行

🔍 问题导入

苏翊鸣是我国单板滑雪的第一位奥运冠军，是目前国内第一个完成三周空翻转体 1620 度的滑雪运动员、全球第一个解锁内转 1980 度抓板动作的运动员。除了这些成绩之外，他还曾参加《智取威虎山》电影拍摄，是个童星。做演员或做职业运动员都是不错的选择，他是如何做出个人的职业选择的呢？对我们有何启发呢？

一、善用个人天赋

苏翊鸣十多年的滑雪路，离不开他的父母。他曾在晋级决赛后说："父母是我单板滑雪路上的第一任老师，如果没有他们，我就不会去尝试。我的爸爸一直带着我滑雪，直到我在 14 岁时决定成为一名职业滑手，一直到今天我站在冬奥会的赛场上，他们对我的成长起到了关键作用。"

出生在吉林的苏翊鸣，4 岁就被父母带上雪场，7 岁拿到国际知名滑雪品牌赞助，12 岁跻身国内顶尖滑手之列，14 岁成功入选国家集训队，成为职业滑雪运动员。同年 12 月，他就在全国单板滑雪大跳台和坡面障碍技巧锦标赛上，夺得单板滑雪大跳台男子组及男子 U18 组两块金牌。因为这些成就，他一度被媒体称为"滑雪天才"。

从苏翊鸣的经历中，我们可以看到他在家庭的支持下找到了自己擅长的事情，更好更快地成就了自己。

二、把握时代机遇

8 岁的苏翊鸣在徐克执导的电影《智取威虎山》中饰演小栓子，塑造完小栓子这一角色后，苏翊鸣又参演了《摇滚小子》《生逢灿烂的日子》《狼殿下》等影视作品。

随着年龄的增大，到底做演员还是做职业运动员，他要做出抉择。2015 年北京申办冬奥会成功，苏翊鸣说："从那时候起，我决定做一名职业滑雪运动员，这是我能参加职业比赛的唯一途径。"

宏观环境对整个就业环境及职业机会的影响是非常大的，也是不可抗、不可逆转的。对于苏翊鸣来说，2022 年北京冬奥会是重大事件，所以选择做运动员是比做演员更优的方案。

三、谋定人生前途

苏翊鸣并非一鸣惊人，他已经"几"鸣惊人了，只不过在北京冬奥会的大舞台上，这道梦想实现的光，太耀眼了。当个人天赋遇上重大职业机会，时势造英雄。

苏翊鸣说："滑雪带来的远不只是成功和荣誉，还有完成挑战之后的成就感。从爱好者到专业运动员，我的改变还是挺大的，但我觉得唯一没有变的就是对单板滑雪的热爱。"

同学们，听了苏翊鸣的故事，你有什么感受呢？现在，你也可以静下心来思考一下：未来的你想成为什么样的人？

知识导航

一、目标分解

大的成功是由小的目标铺垫而成的。按时间的长短跨度区分，目标通常可以分为三类：短期目标、中期目标和长期目标。短期目标是指当前希望达到的目标。短期目标通常全面又具体，它可以以当前的一段时间为节点。中期目标是指期望在 2～3 年内达到的目标，可以把高中毕业视为时间节点。长期目标是指期望在 5～10 年或更长的时间内达到的目标，可以把未来入职视为时间节点。

为什么要进行目标分解？首先，目标分解会让笼统的目标更加具体，模糊的目标更加清晰，从而对人的行为有更强的指引作用。其次，在目标分解之后，对照每个目标是否圆满完成，人的行为活动会有更及时的反馈。成功的反馈能给人巨大的鼓舞，失败的反馈能提醒人迅速做出调整。

"千里之行，始于足下"，在生活中有的人能够持之以恒，最终实现梦想，这往往是因为他们能将一个长远的、看似很难实现的目标进行分解，不断朝着既定的方向前进。"不积跬步，无以至千里；不积小流，无以成江海。"

二、学业目标的 SMART 原则

制定目标有一个"黄金准则"——SMART 原则。SMART 是 5 个英文单词的第一个字母的汇总。好的目标应该能够符合 SMART 原则。

■ S(Specific)——明确性

明确性就是要用具体的语言清楚地说明要达成的行为标准，不能模糊。比如，"提高语文成绩"之类的目标描述就很不明确，

因为提高成绩有许多具体做法，如答题速度的提高、作文审题能力的训练、作文素材的积累、理解性默写准确度的提高……不明确做法就没有办法具体执行。

■ M(Measurable)——可衡量

衡量性就是指目标应该是明确的，而不是模糊的。应该有一个可以衡量的明确的数据，作为衡量是否达成目标的依据。比如，"提高化学卷选择题的得分"，既不明确也不容易衡量，相反，"保证化学选择题 80％的正确率"则较好。如果制定的目标没有办法衡量，就无法判断目标是否实现。

■ A(Attainable)——可实现

目标是能够实现的。在付出努力的情况下可以实现，避免设立过高或过低的目标。比如，目前你的年级排名是 500 名，你定的目标是在下次考试时达到年级前 100 名，这可能就脱离了你目前的实际情况。

■ R(Realistic)——相关性

要保持学习期间目标的相关性，现在的目标基于之前的目标，又要和未来发展目标有连续性。目标环环相扣才有助于总目标的完成。

■ T(Time-bound)——时限性

目标特性的时限性就是指目标是有时间限制的。例如，"我将在 2023 年 9 月 20 日前完成某事"，这里的 9 月 20 日就是一个确定的时间限制。没有时间限制的目标没有办法考核。

三、考试是目标监控的重要途径

考试是教师帮助学生做"体检"的过程。学生及时发现学习中存在的问题，以便查漏补缺。同时，学生也可以借助考试检测自己的目标达成情况，用良好的心态做研究和探讨。

考试后高中学生可以通过以下措施来促进自己更好地发展。

第一，认真分析考试成绩，找出自己的优势和差距。要重视分析自己的单科成绩，看看自己某一科的成绩与班级平均分相比，是高还是低。高则说明你有优势，低则说明这是你的薄弱科目。你需要明白自己的优势学科是哪科，薄弱学科是哪科，以便在制订下一阶段学习计划时能有针对性地合理安排时间和分配精力。

第二，要学会用总分或总平均分来衡量自己，了解自己在班级、年级的大致位置。与自己的过去比一比，是进步了，还是退步了。要学会分析进步和退步的原因，可以找班主任谈谈心，听听他的分析和建议。也要和家长谈谈，把你的考试成绩以及对成绩的分析和认识告诉他们，争取得到他们的理解和帮助。

第三，认真分析各科试卷，找出丢分原因，以便"对症下药"。通常满分卷是不多的，对于每次考试，每一名学生，或多或少都会有些遗憾，都需要总结经验，找出丢分的原因。高中学生在听老师讲评试卷时要特别注意自己做错、丢分的试题，了解老师是如何分析解答的，自己为什么会错。不能只是简单地将正确答案写在试卷上，要深入分析答错的原因，是知识缺漏，还是解题方法、解题技巧的问题，是审题不严，还是推理、计算错误。在听老师讲评试卷的过程中，除了要仔细听讲外还要用心记，学生应认真地在自己的试卷上做些眉批，或在值得注意的地方标上警示符号，并注意保存，在今后每次考试前拿出来看一看，以免再犯同样的错误。

第四，认真总结学习方法，不断进步。考试，可以检查教学情况，可以衡量班级之间的差距，可以反映出每个学生各学科的学习状况。但是，考试不是唯一的手段，分数也不是衡量知识掌握程度的唯一标准。不要因一次考试成绩不好而否定自己、否定老师，要善于在考试后总结经验、修正学习方法，要学会适应环境、适应老师。看看班上学习好的同学，他们平时是如何听课记笔记的，是如何对待作业和测验的，是如何向老师提问的……虽然你不能改变环境，但是你可以调整自己。比如，一些学生的总成绩总是因政、史、地、生等科目而"拉分"，那就是平时重视程度不够，应知应会的都没有掌握好；再如，有些学生的英语、语文成绩总提高不上来，很可能是课外阅读太少，知识面太窄；有些同学终日忙于数理化，但是这些科目的成绩并不令他们自己满意，那就要找科任教师查一查，是不是由自己的学习方法不对导致的。

第五，调整心态，搞好下一阶段的学习。各科考试成绩是以分数反映出来的，你不能因考分高而喜、低而忧，更不能因考分高而骄傲自满，因考分低而自责或怨天尤人。因为一次考试成绩只能从一个方面反映出你在前一阶段的学习情况，并且已经成为过去。分数不是衡量学习情况的唯一标准，但是通过分数，你可以看出问题所在。那么，如何看待分数呢？在考试前，要用一颗平常心对待每一次考试；在准备时要认真对待，复习到位；在考场上要"争分夺秒"——认真做题，争分数，抢时间；考完后只是看分数找差距，不要患得患失。

📋 主题活动

主题活动一： 老师去哪儿

（一）活动目的

引导学生树立学习目标，选择正常的学习方式，做好高中三年的学习规划。

(二)活动过程

(1)引入活动：激发学生兴趣，起到良好的热身效果。

首先播放音乐《一生有你》，吸引学生的注意力和兴趣，然后引出本节课的体验活动——老师去哪儿。

(2)体验任务：设置活动悬念，活跃气氛，增加师生的亲密度。

介绍参加活动的本班三位科任老师，将三位科任老师分为三组，给每位老师分发"任务纸条"，然后由学生自由选择进入某位老师所带领的组，跟随所选择的科任老师去完成目标。对老师的介绍要生动有趣，如高大威猛的数学老师、温柔美丽的语文老师、风度翩翩的英语老师等。给学生20秒时间迅速选择要跟随的老师。

第一组：语文老师

任务纸条的内容：带领本组学生在校园内行走，不需要跟学生解释任何活动目的和活动结束时间，随意安排行走的路线，也可在行走的过程中在校园内的某个地点休息，注意学生的反应，5分钟后带学生回教室。

第二组：英语老师

任务纸条的内容：带领本组学生往东山教育基地方向(距离出发地比较远的地点)，计算好时间，一开始不告诉学生目的地是哪里，先走1分钟，再慢跑1分钟，然后跟学生说一个非常远的目的地(如东山教育基地)，询问学生是否能在接下来的3分钟内走完，得到学生的否定回答后，带学生回教室。

第三组：数学老师

任务纸条内容：先召集本组学生，说明今天的行走任务的时间和地点。学校办公楼—图书馆—学校礼堂—操场—体育馆—教学楼—学校办公楼(注:以上路线仅为参考路线,可根据实际情况自行调整),明确告诉学生必须在 5 分钟内走完这段路程,同时告知学生要记住与这些地点相关的知识,询问学生是否能够完成。

(注:第一组属于无计划无目标的行走任务;第二组属于计划超过能力的行走任务;第三组属于有计划有目标的行走任务。)

这三组的任务设置目的是让学生发现高中的三类学生的学习状态。

(3)讨论思辨:让学生和老师各自讲述自己的观点与立场,让学生发现问题,引导学生思考。

①讨论思考。发放纸张,要求学生回忆活动过程,画出本小组的路线图,回忆老师的要求和小组成员的表现。随机采访各个小组中的一名成员,总结各小组活动的路线图,询问各小组活动的情况,其他的小组成员可以补充。

②提出问题。

请你告诉大家你们小组的活动路线图,其他组员可以补充。

在参加活动的过程中,你有什么感受?

其他的小组成员有什么表现?

③领队老师点评。由各小组的领队老师先解释自己的组所接到的任务,对小组活动中学生的表现进行点评。

④讨论思考。

问题的设置:如果把刚才的三组同学放到我们高中的学习生活中,你认为它们各代表哪些人(小组讨论,老师随机采访)?

教师引导方向：

第一组同学——无计划无目标的同学。

第二组同学——一开始没目标，但是后面有目标又不切合实际的同学。

第三组同学——有目标、有计划、有行动力的同学。

大家认为自己想要成为以上三组同学中的哪一类？

教师总结发言：

同学们，你们现在已经迈出成功的第一步了。将来的高考就像我们今天的任务一样，要求你脚踏实地，加强行动力、意志力、持久力和团体的作战能力，希望大家能够紧跟老师的步伐，树立目标，了解高考题目、题型，明确每科的目标，并时刻督查自己。现在我给大家展示一张我们高中三年每学期的学习计划路线图，希望大家能够按照这个路线图，绘制一张属于你自己的路线图，并在每个学期末好好检验自己是否完成目标，出现什么问题，如何来解决这些问题。

（注：让学生自己寻找问题的答案，老师提供解决问题的思路。）

（4）落实于行：要求学生针对高中三年在每学期设置一个目标与计划，第二天上交给班主任。

参见罗庆松：《老师去哪儿》，载《班主任之友（中学版）》，2016(10)。引用时有改动。

主题活动二：　走近大学，　放飞青春梦想

(一)活动目的

(1)感受大学生活及校园文化。

(2)通过不同学科专业的体验活动，激发学生的兴趣。

（3）帮助学生更科学地规划自己的学业和人生。

（二）活动准备

（1）联系往届学生，确定参观大学的地点、路线等相关事项。

（2）联系家长（家委会），确定出行车辆问题。

（3）组织学生干部，制定详细的出发指引，包括集合时间、地点、注意事项、路线图、分组等。

（三）活动过程

（1）"参观校园"——走进高校，领略文化。

（2）"聆听报告"——明确目标，励志奋斗。

安排不同学科专业的师兄师姐现场为学生答疑，分享该校的招生方向及不同专业的学习内容、未来就业方向，学生可通过聆听、提问等方式了解相关内容，明确自己的奋斗目标。

（3）"生活体验"——走进食堂，体验生活。

（4）"贯通古今"——走进科举，知古通今。

（四）活动总结

（1）参与本次活动的学生每人写一篇心得，字数为 500 字以上。

（2）回校后利用班会时间让各班同学谈感想、讲体会。

主题活动三： 学会学业自我监控

（一）活动目的

高中生要想在学习上不断进步，就要学会自我监控、自我反思、自我调整，跳出自己的学习活动，做自己学业情况的观察者、发现者、反思者，学会监控、评价、挑战自己的学习。

（二）活动过程

在预习、听讲、复习、做作业、考试的过程中，我们可以随时监控和评价自己的学习。主要方式是对自己提问：

（1）我的领会情况如何？

（2）我的疑问在哪里？（疑问可具体化，如"如何理解函数的法则""大气环流产生的原理是什么"。）

（3）为什么我听不懂？（内因/外因，其中内因可能包括预习不到位、基础比较薄弱、上课注意力不集中、课后巩固不够、复习抓不住重点等，外因可能包括教师的因素、同学的因素、学习材料的难度等。）

（4）我应该怎样改变？

请利用下面的课堂听课监控记录对你今天学过的课程进行分析（如表 3-1 所示）。

表 3-1　课堂听课监控记录

（日期：＿＿＿年＿＿＿月＿＿＿日）

节次	科目	掌握情况（1～10 级评分）	疑问记录	疑问解决记录	薄弱原因
1	英语				
2	数学				
3	化学				
4	语文				
5	物理				
6	地理				
7	生物				
8	政治				

⚙ 拓展延伸

寓言故事：《做一棵永远成长的苹果树》

一棵苹果树，终于结果了。

第一年，它结了 10 个苹果，9 个被拿走，自己得到 1 个。对此，苹果树愤愤不平，于是自断经脉，拒绝成长。第二年，它结了 5 个苹果，4 个被拿走，自己得到 1 个。"哈哈，去年我得到了 10%，今年得到 20%！翻了一番。"这棵苹果树心理平衡了。

但是，它还可以这样：继续成长。譬如，第二年，它结了 100 个苹果，被拿走 90 个，自己得到 10 个。

很可能，它被拿走 99 个，自己得到 1 个。但没关系，它还可以继续成长，第三年结 1000 个苹果……

其实，得到多少果子不是最重要的。最重要的是，苹果树在成长！等苹果树长成参天大树的时候，那些曾阻碍它成长的力量都会微弱到可以被忽略。

生命是一个历程，是一个整体，有时人可能错误地觉得自己已经成熟，而放弃了成长。真的，不要太在乎果子，不要太在乎一时的得失，成长才是最重要的。

目标分析：

根据 SMART 原则，在确定短期目标时，需要从五个维度对目标进行评估，然后修正目标，让目标更合理。请借助表 3-2 对自己近期的某一目标进行分析。

表 3-2　目标分析

原目标	原行动方案	目标评估	目标修订	修订后的目标	修订后的行动方案
		原则 S：具体什么项目？			
		原则 M：怎样证明提高？			
		原则 A：目标难度如何？			
		原则 R：目标价值大小？			
		原则 T：什么时间达到？			

课后任务

想一想：N 年后的我

请结合自己的规划，想象并绘制自己在 N 年后的状态（外在形象、学业或职业成就、生活环境、人际关系等）。N 可以是 7 年，到 22 岁左右，大学毕业前夕；也可以是 15 年，到 30 岁前后，职业探索期。

第四课

合理选择，愉快学习

🔍 问题导入

李兰最近很不开心。升入高中之后她虽然在各门课程的学习上都很努力，但是成绩并不均衡，她的物理成绩很高，但是化学和生物成绩并不好。她对政治和地理很感兴趣，但是历史成绩很差。她想让各科成绩都均衡些，以后在分科时能更好地做出选择，但是按照目前的情况，如果她选择文科的话她的总成绩就受到历史成绩的影响，如果她选择理科的话她的总成绩就会受到化学和生物成绩的影响。班主任在了解之后告诉李兰，她的担忧完全没有必要了。

因为新高考不再区分文理科，而是改为"3＋1＋2"或"3＋3"模式，录取模式改为"两参考、一依据"，选考科目采用等级赋分制度，外语可考2次，取最高一次的成绩计入高考总分。以"3＋1＋2"模式为例，即普通本科高校招生考试由语文，数学，外语(含英语、俄语、日语、法语、德语、西班牙语)3门统一高考科目和3门选择性考试科目组成。其中，语文、数学、外语3门统一高考科目不分文理科设置；计入考生总成绩的3门选择性考试科目，则由考生根据所报考高校和招生专业的选择性考试科目要求及自身兴趣特长，在物理、历史 2 门科目中自主选择 1 门，在政治、地理、化学、生物 4 门科目中自主选择 2 门组成。

高考录取依据 3 门统考科目和 3 门选考科目成绩，再参考学生综合素质评价结果（包括学生思想品德、学业水平、身心健康、艺术素养、社会实践等 5 个方面）。可见，新高考的选科模式可以让李兰不再局限于传统的文科或理科，她可以按照自己的兴趣和能力做出最有利于自己升学的选择。

想一想，新的选科模式与传统的文理分科相比有什么优点？

知识导航

一、高中的学科特点与学习方法

新的高考选科模式能给学生更多的选择，让他们不用完全受限于传统文理科的划分，但是了解历史、政治、地理文科学科以及物理、化学、生物理科学科的学习特点与学习方法仍是十分必要的，因为它将有助于学生做出最适合自己升学就业的选择。

（一）不同学科的学习特点

文科又称人文社会科学，顾名思义，以人类社会独有的政治、经济、文化等为研究对象。高中阶段文科学习有几个明显的特点：一是记忆量大，大量内容需要背诵记忆；二是理解文科不像理解理科那样形象、具体，对文科的理解有时要靠平时的积累，并在潜移默化中得到提升。

如果说文科是精神方面的充实者，那么理科就是物质方面的缔造者，换言之，理科是学习理论和方法的学问。高中理科学习也有以下几个特点。一是渐进性，理科的学习是由浅入深，由表及里，由低级向高级发展的，所以要充分掌握基础的概念，才能进行运算。二是逻辑性，理科学习的逻辑性很强，学科知识之间环环相扣，紧密相连。例如，在学习高等数学时，首先要学习极限的理论，有此基础才可以学习微积分，否则，很难学好高等数学。三是实操性，理科学习既需要理解，也需要动手。许多专业的课程都需要通过实验、操作运算、制图等来完成。因此，不仅要学习课本上的理论知识，还要通过实验、实践等技能性课程的训练。

（二）高中文科有效的学习方法

1. 课堂笔记有利于温故而知新

文科课程有大量的文字信息，学生可能会很快忘记老师讲过的内容，即使当时不忘记，时间长了也会记忆不深刻。如果上课不记笔记，那么遗忘的部分将永远从你的大脑知识库中消失。上课记笔记的作用有两个：一是使你的思路紧跟着老师走，提高课堂的学习效率；二是作为书本知识的补充和备忘，可以在课后练习或课前复习时拿来用。

2. 听课要投入，思路跟着老师走，更主要的是思维要活跃

听课是考验一个人的注意力的时候。如果注意力不集中，很可能会在老师动听的故事式的讲课中走神。要集中注意力，除了要记笔记之外，还要在老师的指导下学会思考问题。学习理科也一样，为什么有的学生的成绩很好，而有的学生的成绩始终一般？道理就是：成绩好的学生在上课时思维是活跃的，经常把正在学习的知识同以前的知识联系在一起；成绩不理想的学生在上课时思维只是由老师领着，学到哪儿看到哪儿，而没有自己的分析与思考。

3. 拓展课外知识

学好课本的知识其实是为了能更好地学习课外的知识。如果一个人除了学习课本的知识外，课外知识懂得很少，那么他就没有达到学习的目的。课本的知识是基础，而课外的知识五花八门。想要拓展课外知识，就要多看课外书。你可以看课外书，看报纸、杂志，看文科类的，看自然科学类的，或者什么都看。有的学生对文科比较感兴趣，只看文科的课外书，不喜欢看理科的课外书。时间长了，他的理科知识会相当贫乏，导致写作文时缺乏材料，议论时论据不足，缺少逻辑性，阅读时理解困难，对历史、地理常识问题的掌握模糊不清。

4. 学会交流，表达观点

"碰撞产生火花，交流产生思想"，平时多和别人谈古论今有利于活跃思维，提高表达能力，如和同学谈，和老师谈，和家里人谈，和邻居谈，和亲戚谈，等等。把你知道的东西说给别人听，并从别人那里听你自己不知道的东西。多和别人谈论，你会发现你的表达能力提高了，你能讲出你所思考的东西。多和别人谈论，你会发现你所学的知识被你牢牢地掌握住了，你再也不会忘掉你所学、所谈论的知识了。多和别人谈论，你还会发现你的知识面拓宽了，你从别人那里交流到很多知识。

(三) 高中理科有效的学习方法

1. 养成良好的预习习惯

高中更强调学习主动性和自学能力的提高，课前预习是必要的，预习不是随便翻翻书，而是认真阅读课本，预习要学的知识。通过认真思考，尽可能仔细地品味书中叙述的概念、定律、定理及其有本质特征的关键词句，初步理解语意，并不时地提出一些问题。对于哪些是有疑问的、哪些是难理解的，做到心中有数，在课堂上带着问题听老师讲课。目标明确的听课总能更多地解决问题，同时还会思考出新的问题，在不断地产生问题和解决问题中，提高自己的学习成绩。

2. 养成良好的听课习惯

我们的学习离不开老师的传授和指导，认真听课是我们在学习中少走弯路、顺利学好理科的保证。在听课中，我们一定要克服消极等待的听课方式，积极主动地学习老师讲授的知识，大胆地回答老师提出的问题，不要怕暴露问题。暴露问题是好事，在老师的指导下及时解决问题就是收获。理科是一类循序渐进、累积性很强的学科，所以要步步为营，不欠账。此外，听课的精力要集中在理解上而不是在记忆上，要培养独立思考和解决问题的能力。在遇到疑问时，如果没有经过我们自己认真地思考和分析，马上由教师解决，就会弱化我们的独立思维能力，会养成有问题找老师的条件反射，使我们在考试时一遇到疑难问题就失去了自信。

在课堂上还要十分重视老师讲的典型例题。老师在课堂上选用的例题大都是经典例题，是精心挑选、精心准备的，非常有代表性。老师在讲解过程中注重知识的灵活运用，会经常运用一题多解、一题多思、一题多变等解题方法，我们要有选择地记下来，在课余要慢慢地、细细地品味。做好课堂笔记也是重要的，我们应根据自己的学习情况，有针对性地、能体现个性特色地做笔记。

3. 养成及时反思、总结、回顾的习惯

一是听课后反思。对于老师在课堂上讲的内容，不能以听懂为满足，下课后，要自己认真琢磨一番，看是否有"消化"不了的问题，晚自习时，要把当天的学习内容回忆一遍。二是做

课外题。随着学习层次的提高，要取得好的成绩离不开做课外题。但也存在一个问题，即曾经做过的与会做的习题又做错。这实际上缺少一个环节，即做题后及时地总结回顾。许多学生会运用编号处理习题法，把做过的习题都编上号，依次区分哪些是可以轻松解出的，哪些是需要花较多时间分析得出的，哪些是请教同学或老师才会做的，能够比较解题方法和思维方式的异同点，举一反三，用一类方法解决其他的同类问题。

4. 学习方法的完善和思维习惯的改善

"学习有法，但无定法，贵在得法。"要想学会学习，不仅要向别人学习好的学习方法，还要善于总结自己的学习方法。在学习过程中，学生要独立思考，找到适合自己的学习方法，并在实践中不断改善。剖析题目，要找到相同点和不同点。理科解题是一种创造，但它是有案可稽的创造。方法应用得熟练与否，就是在日积月累中练就的功夫。我们还可以打开记忆库，搜索一下解题的方法，甚至想想正确的思路是由哪些条件引发的，自己为什么没有找齐这些条件。总之，知识储备越丰富，思路就越畅通。

二、高中选科的主要因素

在选择考试科目时，每个人的出发点都不一样，有的人认为只要能够上大学，选择什么科目都无所谓；有的人认为自己以后要去考公务员，一定要选择历史科目；有的人认为自己从小的职业理想是成为医生，所以要选择理科；还有的人处于迷茫和不确定中，一时半会儿拿不定主意。从以上每个人的不同情况来看，影响高中选科的主要因素归纳为以下五种。

第一，实力。特长是学习的推进剂，它将使你在竞争上胜人一筹，也是科目选择的重要依据。例如，如果政治、历史是你的优势科目，而你的物理、化学比较薄弱，此刻选择政治与历史更有利于发挥你的长处。

第二，潜力。在了解自身各科成绩后再做有针对性的选择非常重要。大家可以根据高一阶段历次考试的各科成绩来具体分析，评估自己在哪些科目上更有潜力，未来更具竞争力。不能简单地看分数有多高，还需关注"拉分学科"。

第三，兴趣。兴趣是学习的内在驱动力。有了兴趣，高中学习生活可以变得多姿多彩；有了兴趣，我们才可以全身心地投入学习，而不会抱怨声不断。因为兴趣所在，所以学习是为自己学，而不会显得压力重重。

第四，升学。我们在选科时也需要结合升学的要求，可根据目标高校和专业录取所要求的科目作为选科的重要依据。

第五，就业。选科对于我们今后的高考志愿、就业乃至终身有很大的影响。我们在选择前要想清楚自己将来会从事什么职业。比如，喜欢文学，将来想做记者、编辑，或者对政治、经济感兴趣，那么历史、政治科目可能是优先选项；如果对自然科学感兴趣，或者将来想成为工程师，那么物理、化学可能是你的优先选项。

三、高中选科的几个原则

(一)要根据个人学科优势来选择

现行的高考计分方式还是以比拼总分为主，因此学生在选课时要注重突出优势学科、避开弱势学科。以新高考"3＋1＋2"模式为例，考生确定选择物理或历史之后，可以在政治、地理、化学、生物4科中任选2科，考生根据优势选择科目，这样就能够突破传统的文理分科局限。

(二)要考虑自己的兴趣所在

选科关系到一个人的未来职业发展。在有的人的眼中，往往一滴水就能看世界的浪漫与瞬间的灵感萌动，浪漫与奇思构筑的世界美丽如梦，但充满不确定性；而在有的人的眼中，水首先是水分子，结构性与理智性构筑的世界稳定简洁。我们要根据自己的兴趣来考虑选科，没有一定兴趣就会在竞争中丧失主动性，影响最终的高考成绩。

(三)要关注自身潜能

潜能带有隐蔽性、后天性和可能性，高中生对此一般难以判断。衡量潜能主要以学习效率为标准。也就是对于同一个个体，如果付出相当的努力，成绩和效果较好的学科，正是他的潜力和特长所在；反之，已付出很大努力，投入了很多精力，但收效甚微，他很可能就欠缺学习该学科的潜能。

总之，学生在高中选科时需要慎重考虑。不管怎么样，选择好了，就应该去做好，不要再心猿意马。要学会独立思考自己的问题，要有勇气正视自己心底里最真实的想法。在选科时，有的学生会被另外一些原因困扰。比方说，舍不得自己的班主任，舍不得自己的同学，这些都不应影响你的选科之路，我们在生活中有很多方式去延续师恩与友情，要为自己的未来理智地做出选择。

📋 主题活动

主题活动一： 高中选科讨论

(一)活动目的

了解新的高考模式，对未来树立信心。

（二）活动内容

（1）以小组为单位，针对传统的文理分科有什么缺点进行讨论。

（2）以小组为单位，针对新的"3＋1＋2"选科模式的优缺点进行讨论。

（3）每组选出代表发言，教师总结发言。

主题活动二： 过来人对分科的看法

（一）活动目的

新高考模式下的分科同传统文理分科虽然有所差别，但是仍然有着文理分科的印记，了解以往学生对分科的想法和选择，可能对学生以后的选择也有帮助。

（二）活动内容

邀请学长分享选择学科的经验。

学生尹××（2013 年毕业）

我有以下建议。首先，兴趣与追求是最重要的。理想应与努力方向相统一，做自己想做的。其次，了解自己的实际能力，扬长避短是有必要的。最后，在没有明确的理想兴趣的情况下，可以考虑家庭的社会背景或者就业情况和高考录取比例。

不论怎样选择，我觉得，不应该为了逃避，为了所谓冷热学科而草草做出决定。文科更侧重精神层面，理科更物质一点。我从不后悔当初的选择，不仅仅是因为研究历史的理想，还因为我更倾向于一份精神充实的生活。文科最大的魅力就在于此，它给了我们精神的天空。

学长柳××（2011 年毕业）

我在分科前各科成绩都差不多，准确说应该是文科更好一些，但我选择了理科，现在梳理一下当时的思路。

(1)自己的喜爱：我把它放在第一位，选择文理科最主要的还是要根据自己的兴趣，它永远是决定的最大筹码。如果跟风选择文科或者理科，在进入大学后一遇到问题可能就会抱怨当初的选择。

(2)父母的期望：父母虽然在分科期间没有给我明确的建议，但从种种的暗示中，我还是能看出来他们希望我选择理科。在分科时父母的建议也是重要的一点，不要觉得父母什么都不懂，事实上分科前的你也是什么都不懂。

(3)与自己的理想有关：自己小时候就想成为科学家，对自然奥秘很感兴趣。虽然高中期间最烂的三门课程是物理、化学和数学，但我还是坚持下来了。我想说，当各种外界压力消失时，在大学里学习的唯一动力就是兴趣了。

总之，我的建议就是优先考虑兴趣，然后结合自己所擅长科目的现状，再和父母商量，若有冲突先尝试说服他们，最后一个人静一静，给自己的未来打个不需要很详细的草稿，最终做出决定。

主题活动三： 不同学科学习方法讨论

(一)活动目的

学习针对不同学科采用不同学习方法。

(二)活动内容

(1)以小组为单位，针对不同科目的学科特点进行讨论。

(2)以小组为单位，针对不同科目的学习方法进行讨论。

(3)每组选出代表发言，教师进行总结。

拓展延伸

最新心理学研究成果表明，人的多元智力，可以分为七大类，每个人的多元智力存在着不均衡的发展，而不同职业对多元智力的要求也不尽相同（如表 4-1 所示）。

表 4-1　不同职业对多元智力的要求

智力种类	理科类职业		文科类职业		艺术类职业	
	物理学家	工程师	律师	银行职员	画家	建筑设计师
语言智力	△	○	★	★	△	○
音乐智力	△	△	△	△	○	△
逻辑数学智力	★	★	★	★	△	★
空间智力	★	★	△	△	★	★
肌肉运动智力	△	○	△	○	△	△
自知智力	○	○	○	○	★	○
他知智力	△	○	★	★	△	○

符号说明：★必需　　　○需要　　　△不太需要

【注】自知智力：能识别自己的不同感情，并据此采取不同行动的能力。

他知智力：能识别他人的不同感情，并据此采取相应行动的能力。

课后任务

想一想：哪些因素对你选科有重要影响？在"3＋1＋2"的选科模式下，你会如何选择？

第五课

激发动机，爱上学习

问题导入

　　一群顽皮的孩子总是喜欢在一位老人家门前嬉闹，叫声连天。几天过去了，老人难以忍受。于是，他出来给了每个孩子一元钱，对他们说："你们让这儿变得很热闹，我觉得自己年轻了不少，这点钱表示我的谢意。"孩子们很高兴，第二天仍然来了，一如既往地嬉闹。老人走出来，给了每个孩子五角钱。他解释说，自己病了，只能少给一些。孩子们仍然兴高采烈地走了。第三天，老人只给了每个孩子一角钱。孩子们勃然大怒："一天才给一角钱，知不知道我们多辛苦！"他们向老人发誓，再也不会为他玩了！

　　最开始孩子们是因为什么在玩耍？老人给孩子们钱后他们又是因为什么在玩耍？最后为什么每天得到一角钱，孩子们却不愿意再去老人那儿玩耍了呢？

知识导航

一、学习动机

　　行为的背后，都是人的动机在起作用。我们做与不做一件事，都由动机驱使。学习活动也一样，要理解学习状态的差异，就要认识我们的学习动机。

(一)何为学习动机

动机是在自我调节的作用下，个体使自身的内在要求，如本能、需要和内驱力等，与外在的诱因、目标、奖赏等相协调，从而激发和维持行为的内在动力。

学生的主要任务是学习，当动机指向的对象是学习活动时，就是学习动机。学习动机是引发并维持学习活动的内部心理倾向，具有较强的规律性。学习动机是推动学生进行学习活动的内在原因，是激励、指引学生学习的强大动力。教育实践和教育心理学实验都表明，学习动机推动着学习活动，能激发学生的学习兴趣，保持一定的唤醒水平，指向特定的学习活动。

根据引起学习行为的动力来源不同，可将学习动机分为外在动机和内在动机。外在动机是学习动力来自学习活动以外，或者说学习活动是受外力推动的。外在动机最典型的表现是奖惩，其次还有家长和老师的督促与检查、学习效果的反馈、学习竞赛等。外在动机的作用一般是短暂的、被动的，学习活动的维持主要不能靠这种动机。内在动机是指学习的动力来自学习主体本身或学习活动本身，也就是说，学习是由内在的心理因素引起的，如学习兴趣、好奇心、求知欲、学习目的、学习态度、学习抱负、志向等因素都是内在动机。内在动机的作用比较持久，并具有主动性，因此，学习活动的维持主要靠内在动机。高中学生的内在学习动机占优势地位。高中生绝大多数的学习活动由内在动机引起、维持和调控。但有些内在动机对学习活动长期起消极作用，需要加强教育引导，而对于多数能长期起积极作用的内在动机，需要不断加以强化巩固。

(二)学习动机与学习效果的关系

学习动机对学习效果有非常重要的影响。不少心理学家认为，动机的中等程度的激发或唤起，对学习具有最佳的效果。动机过弱不能激发学习的积极性。达到一个最高点后，动机强度的增加会造成学习效率降低。此外，动机的最佳水平还随课题性质的不同而不同。在比较容易的课题中，工作效率随着动机的增强而提高，随着课题难度的增加，动机的最佳水平有逐渐下降的趋势。动机过强或过弱，不仅对学习不利，而且对保持也不利。在难度不同的任务中，动机的强度影响问题解决的效率。

(三)影响学习动机形成的主要因素

影响学习动机形成的主、客观因素很多，归纳起来主要分为以下三个方面。

第一，家庭、社会和学校教育在学生学习动机的形成中起一定的作用。学习动机是社会生活和教育对学生学习的客观要求在其头脑中的反映，学习动机的形成不能脱离社会生活条件和教育的影响。社会要求在许多情况下是通过家庭和学校教育提出来的。家庭环境对学生学习动机的形成起着直接的作用。儿童的学习动机在很大程度上体现了父母的要求、态度和志向，家庭的一般舆论引导和父母对儿童学习的要求，对儿童的学习成绩起很大的作用。儿童的学习动机大体上反映了父母的态度和观念。在一般情况下，学校教育对学生学习动机的形成、发展起主导的作用。学校、家庭和社会应该有目的、有组织地对学生进行教育。学生原来已形成的正确动机的萌芽可以得到巩固和深化，原来的不正确动机则可以得到改正。

第二，学生年龄的增长对学习动机的形成有一定的影响。

研究表明，学生在不同年龄阶段，其主导性的学习动机是不断发展变化的。随着年龄和知识经验的增长，世界观的形成与社会要求相应的动机愈来愈占主导地位，并逐渐构成学生学习的主导动机，而与学习活动本身相联系的直接近景性动机也越来越深刻和稳固。到了高中阶段，特别是面临高考的阶段或参加工作的前夕，其学习兴趣和学习动机也更服从于社会的要求。生活目标、明确的职业志向和抱负成了学习的强大动力。

第三，学生的个性特点对学习动机的影响。学生兴趣爱好的广度和深度，影响其学习动机的稳定性和深刻性。有的人对多门学科的学习感兴趣，有的人只对某门学科的学习感兴趣。广泛的兴趣可以使学生对各方面的学习表现出积极性，使学习生活丰富多彩，但是也容易使学习流于表面。而专门的兴趣可以使学生深入某方面进行学习，但也难免使学习陷入狭窄和片面。教师应尽量先培养学生对各类知识都有较为广泛的涉猎，然后在此基础上培养专门的兴趣。学生的意志品质对学习动机的形成有很大的影响。意志力坚强的人能以顽强的、坚毅的意志战胜一切困难；意志力薄弱的人则往往在动机的教育过程中畏缩不前、信心不足甚至放弃对学习的追求。学生的个人志向不同，对学习的要求和反应也不同。同样是得到"良"的两个学生，由于个人志向不同，一个十分高兴，另一个却垂头丧气。研究表明，成功的经验往往导致志向水平的提高，失败的经验则导致志向水平的降低。学生的成功经验越丰富，以后的志向水平会得到越明显的提高；失败的次数越多，以后的志向水平就会下降得越低。学生的性别、性格及智能水平等，对学习动机的形成均有一定的影响。

（四）学习动机的培养与激发

学习动机的培养与激发，应从学习动机的内在起因、外在诱因及自我调控三个方面出发，重点培养与激发学习动机的内在起因。首先，教师要充分利用学生的学习需要，注重培养学生的学习兴趣，进行学习目的性教育，增强学生学习的自觉性。兴趣是人们积极认识某种事物或关心某种活动的心理倾向。一个对某一学科产生强烈而稳定的兴趣的学生，就会把它作为自己的主攻目标，就会产生强大的学习动力，从而大大提高学习效率。其次，教师要注重学习动机外在诱因的确定与运用，帮助学生确定具体、明确的学习目标；严格要求，适当运用奖励与惩罚手段；善于利用学习结果的反馈作用，认真做好教学环节的组织与实施工作；引导学生对学习的成败进行合理的归因。最后，学生要充分发挥自我调控作用。在学习活动中，适当的激情、良好的心境、饱满的热情是学习的重要心理品质，学生应该以积极的情绪状态、满腔的热情投入学习中去；培养坚韧不拔的意志、持之以恒的毅力，从而促进学习任务的顺利完成和学习目标的最终实现。

二、学习态度

(一) 何为学习态度

学习态度是学生在学习过程中表现出的一种较抽象、较综合、较宏观的精神现象。学习态度包括对上课的态度、对考试的态度、对成绩的态度以及对学习目标的态度等，它是通过学习的经验和实践逐步积累形成的，并与个体所处的环境相互作用而不断变化，它对顺利开展学习及取得良好的学习效果至关重要。学习态度由认知、情感和行为倾向三部分构成：认知是指对学习的观点和信念；情感是指伴随着认知而产生的情绪或个人的价值观；行为倾向是指参与学习的个体对学习所表现出来的行为意图。

（二）学习态度对学习行为的影响

第一，学习态度的端正与否，直接决定了学习行为的良好与否。很明显，学习态度不端正的高中学生，对学习表现得没有太大的兴趣，在学习的过程中往往充斥着抵触与应付的想法，如作业拖沓、抄袭，上课打盹、心不在焉、看与课堂无关的书籍。而态度端正的学生，即使学习成绩不尽如人意，也一直在努力学习，对待他们往往就不能只用分数来衡量。在知识经济时代，知识更新的周期越来越短，只有端正学习态度，不断调整、充实自己，才能适应社会发展的需要。我们身处的环境事事有学问，只有把自己的心态放平和，勤于求学，虚心向上，才能完善自我。

第二，学生学习态度的好坏与其学习效果密切相关。在学校情境里，如果教学条件基本相当，学习态度好的学生的学习效果往往远胜于学习态度差的。学生的学习行为受到学习态度的直接影响，同时还决定了学习成绩的好坏。在上课的时候，那些热爱学习、觉得学习很有意义的学生，就会集中注意力认真听讲，课后会按时完成作业；那些对学习不感兴趣、不重视的学生，课堂行为就充满了很多问题，学习成绩也不理想。

第三，学习态度端正良好，对于学生来说会达到事半功倍的效果。学习成绩与学习态度存在相互依赖的关系。一般而言，学习效果的好坏取决于学习态度的好坏。我们在生活中随时可以吸取有益的东西，身边的每个人、每件事都可能对我们有所帮助和启发，我们以学习者的心态来对待这一切，就可以从优秀的人和好的事件中学习经验，从恶劣的人和坏的事件中借鉴教训。学习态度是学生在学习时的心理状态的一种具体体现。

三、学习态度的形成

(一)培养积极的学习动机

学习动机是学习态度最直接的制约因素，学习动机的发展会引起学习态度的改变，学习态度和学习动机一样对学习效果产生重要的影响。一个人如果有了积极的学习动机，就会引发强烈的求知欲望，持之以恒，坚持不懈，产生强劲的内动力。只有有了积极的学习动机，学生才会发自内心地端正学习态度，提高学习效率，并能在挫折和困难中披荆斩棘，完成学业，提高自己的素质，为今后终身学习、建立学习型组织和学习型社会贡献自己的力量。

(二)培养浓厚的学习兴趣

兴趣是走向成功的第一步。一个人要想乐于从事某项工作并竭力达到预定的目标，首先应对自己所从事的工作充满激情，有浓厚的兴趣，并且将兴趣逐渐转化升华为志趣，才能端正态度。学习活动也是一样的，只有有了兴趣并升华为志趣，才会将"苦学"变为"乐学"，才会变被动为主动，才会从思想深处去感悟学习的意义和价值，从而使学习活动变得自觉自愿、积极主动。在校园里，一是要博览群书，养成读书、学习的习惯，善于从广博的知识中吸取其精髓，丰富和完善自我，从而体会到知识积累过程的心理快感。二是要培养好奇心，多接触新鲜事物，激发求知的欲望，使"为什么"成为探究知识、竭力钻研、永葆激情的内核。三是组织社会调查和研究，使学生明白，许多有意义的事情并不令人感兴趣，对于社会、集体和自身进步有意义的事情，即使自己缺乏兴趣，也不要回避，应该强迫自己积极地去做好，有许多事情，我们往往在做了之后，尝到了成功的滋味，才会体会到它的意义，进而产生兴趣。总之，培养学习兴趣的方法有很多，只要善于启迪、诱发，学生的学习兴趣就会日渐增浓。

（三）建立可行的学习目标

目标有远期目标、中期目标和近期目标之分。任何一种有导向指引功能的目标的确定和实施都必须经过激烈的心理冲突。如果我们在确定目标的过程中不立足于实际，好高骛远，就会丧失目标潜在的驱动力，挫伤自己的积极性、热情与自信。好高骛远的目标表面上看来有无限的追求和远大的志向，但我们在付诸实践时，往往发现目标与实际相距甚远，甚至永远难以达到目标，这样反而会挫伤热情，使人在焦虑中变得消沉而不求进取。过易的目标也是不可取的。因为目标过低，无须经过努力和奋斗就轻而易举地实现，表面上看来成功，实则平平淡淡，甚至原地踏步。长此以往，不仅无所作为，反而失去奋进、开拓、蓬勃向上的精神。确立怎样的目标才有利于一个人学习、成功、成材呢？应权衡哪些因素？从难度值上，要遵循"跳一跳，摸得到"的原则，要符合"最近发展区"原理，要遵循循序渐进的规律，既不能高不可攀、无法触及、脱离实际，又不能谨小慎微、缺乏开拓进取的精神。只有通盘考虑，才能确立适当的目标。只有目标适当，学生才会对目标充满信心，并能竭尽全力为实现目标而奋斗，在目标实施和达成过程中感受成功的快感与满足，从而更进一步地认同目标，使学习成为自觉的内化行为。

（四）培养坚强的学习意志

意志是自觉地确定目的，根据目的支配、调节行动，从而实现预定目的的心理过程。意志往往与一个人的自觉性紧密相连。坚强的意志表现为：遇事有主见，处事能果断，勇于克服困难，善于约束自己。它是事业成功的重要保证，是行动的强大动力，是克服困难的必要条件。在学习过程中，难免遇到这样或那样的挫折和困难，有时会使人处于束手无策的境地，如果没有良好的意志品质，缺乏战胜挫折和困难的信心与勇气，将会士气消沉，甚至产生厌倦情绪，更不用说对学习的激情和主动性了。怎样培养学习意志品质呢？首先，要不畏挫折，冷静对待，充分认识挫折，把挫折看作磨砺意志的机会，坚信失败孕育着成功。其次，学会自我疏导，要充分相信自己的才能，善于排解挫折带来的心理压力和愁苦。再次，要重视经验积累，吃一堑，长一智，不断总结教训，避免重蹈覆辙。最后，要善于请求帮助，从教师、家长、同学、好友对困难产生的原因的分析和建议中找到症结所在，不断醒悟，增强信心。开展磨砺意志的活动，如登山、远足、负重、对抗性较强的竞技比赛、定时任务练习等。榜样激励，通过故事会、演讲赛讴歌一批意志坚强的人物的成功成材事迹，让学生受到感染和熏陶，以求认识磨砺坚强意志的意义和作用。意志的磨砺和培养不是一朝一夕的事，也不在于事情的大小，而在于一以贯之。如果我们具备良好的意志品质，将会努力克服学习过程中的障碍，以积极主动的态度去迎接新的挑战。

（五）营造良好的学习氛围

学习氛围与我们本身的学习动机、兴趣、意志、目标等紧密相关，是决定学习态度、学习效果的关键因素。所以，良好学习氛围的营造也是培养学习态度的因素之一。首先，要建立良好的校风、班风，形成奋发向上、你追我赶、崇尚科学、尊重知识的风气，使学生受到熏陶和感染。其次，要形成使学习效率不断提高的集体规范，制定有利于学习、进步的班纪班规，减少干扰因素的存在。最后，要形成和谐的人际关系，师生关系融洽有利于相互勉励、互相促进，也便于沟通，更有利于强化学生对教师、对所学科目的认同，从而进一步端正学习态度。

主题活动

主题活动一： 我的学习兴趣

(一)活动目的

让学生了解自己目前的学习兴趣，进而为培养学生的内部动机做准备。

(二)活动时间

30 分钟。

(三)材料准备

白纸、笔。

(四)活动过程

(1)教师："下面请大家拿出纸和笔，写下以下几个问题的答案。"

你的学习兴趣如何？

你乐于学习的学科一定是你感兴趣的吗？

你不乐于学习的学科一定是你不感兴趣的吗？

你最喜欢哪一门学科？为什么？

你有没有不感兴趣或缺少兴趣的学科？为什么？

对你喜欢和不喜欢的科目，你最大的感受是什么？

在课外学习活动中，你感兴趣的是什么？

（2）各小组成员逐个分享自己填写的内容，并由小组长总结各组的答案，与全体同学分享。

（3）由教师引导、补充、总结。（对于学生在讨论中没有涉及的问题，教师可在小结过程中提出。）

(五)活动总结

本次活动可以让学生意识到自己当前的学习兴趣，让学生知道学习兴趣产生差异的原因。

主题活动二： 分享名人故事

(一)活动目的

（1）通过分享有关名人学习兴趣的故事，让学生意识到学习兴趣的重要性；

（2）引导学生找出培养自己学习兴趣的方法，培养学生的内在动机。

(二)活动时间

25 分钟。

(三)活动过程

（1）各小组成员之间相互分享伟人、名人或同龄人培养学习兴趣的故事，或者分享因产生兴趣而刻苦读书最终成功的人的故事。

（2）各小组推荐 1～2 名代表，与其他小组成员分享自己所在小组中的故事。

（3）由各个小组推荐一名代表组成评价小组，对每组的表现进行打分，全班向优胜组鼓掌祝贺。

(四)活动总结

本活动可以让学生体会到兴趣的重要性，他们可以亲身体会到学习和求知的欢乐，从而对学习产生兴趣。教师还要引导学生认识到：只要努力付出，就一定有收获。

主题活动三： 畅想未来

(一)活动目的

通过激发外在动机来激发学生的学习动机。

(二)活动时间

10分钟。

(三)活动过程

教师："请大家找一个舒适的坐姿，闭上眼睛，放松身体，舒缓情绪，静下心来，平稳呼吸。我会带着大家进入一个心理的历程，请你好好地享受那种感觉，同时在心里面默默地描绘出来。""每一个人都从过去走到现在，又从现在走向将来。大家在自己的生活道路上前进，看到一些你曾经向往的事情变成了现实。""时间在慢慢地流逝，3年了，你看到了3年之后的自己，你在做什么？你因为自己的努力取得了什么成就？"（稍做停顿）"时间在慢慢地流逝，6年了，你看到了6年之后的自己，你在哪里？你又在做什么？你因为自己的努力又有了什么进步？"（稍做停顿）"我们继续前进，时间慢慢地流逝。12年了，你看到12年之后的自己，你在哪里？从事什么职业？专业上的钻研让你在职业生涯中取得了哪些成就？"（稍做停顿）"再往前走，时间不断地流逝。18年了，我们又看到18年之后的自己，你的身体是否健康？工作上是否取得了成绩？少年时的梦想是否实现？"（停顿一会儿）"大家慢慢地睁开眼睛，回到现实。"（教师在讲指导语时，要做到声音低沉、平稳、缓慢，留有空间，令人产生联想。）

以小组为单位交流分享"看未来"的经历。你看到自己的将来了吗，看见了什么？如果你没有看见，想一想，为什么看不见？

因为你的哪些努力，未来的你不断发展？

每个小组推荐几位成员参加团体交流。

(四)活动总结

在本活动中学生通过畅想美好未来，发现未来的积极面，获得强大的、正向的学习动力，调动主观能动性，激发学习兴趣，为努力学习提供强大的外在动机。

拓展延伸

自我决定理论

自我决定理论是由心理学家爱德华·德西（Edward Deci）提出的，他将人类行为分为自我决定行为和非自我决定行为。在自我决定时，人们自由选择行动，而不是被迫或受到强制，自我决定行为比非自我决定行为更能给个人带来快乐。那么自我决定理论是如何提出的呢？

德西曾经做过一个行为实验，他邀请两组学生在不同的房间里玩立体积木拼图，每个房间里都放有娱乐杂志。两组学生都被要求在规定时间内完成拼图游戏，但是 A 组学生被告知如果拼图正确会有金钱奖励，B 组学生没有被告知奖励。在实验中途，德西告诉他们实验时间已经到了，他将离开 10 分钟，让学生自由活动。随后德西通过隐秘的单面镜观察到两个房间内的学生的后续反应完全不一样。A 组学生在自由活动时间往往会放下积木跑去翻阅杂志，而 B 组学生则会继续玩积木拼图。

德西的实验证明：金钱等外部奖励反而会削弱人类的行为动机。之后，德西又与同事开展了更多的研究，提出了自我决定理论并且不断丰富其理论内涵。

☼ 电影推荐

《风雨哈佛路》

导演：彼得·利维（Peter Levi）

年份：2003 年

推荐理由：电影讲述了一个女孩面对重重困境，自强不息、励志求学，最终进入哈佛大学的故事。出生于贫民窟的丽斯（Liz）有着极其复杂的家庭环境，父母都有毒瘾，母亲酗酒并且伴有精神分裂，在丽斯15岁时死于艾滋病，父亲因为付不起房租搬到了流浪者收容所，丽斯只能流落街头。生活的艰辛也让丽斯更加清楚："要么现在做出改变，要么就永远不可能改变了。"丽斯对学习有了强烈的动机，她的真诚感动了高中的校长，因此她争取到了读书的机会。然后，丽斯开始一边打工一边上学，一学期学完一年的课程，并且在两年之后凭借自己的努力获得《纽约时报》的奖学金，成功进入哈佛大学。影片根据真实事件改编，没有故意突出情感冲突，只是将一个从艰辛岁月走出来的故事娓娓道来，给人极大的心灵震撼：即使困境重重，人生仍由自己掌握，也只有自己能对自己的人生负责。希望同学们都能从中读出自己的启发。

📋 课后任务

学习态度养成计划

根据知识导航中对学习态度的介绍，从学习动机、学习兴趣、学习目标、学习意志及学习氛围五个方面制订计划，帮助自己形成积极的学习态度。

第六课

对照现在，规划未来

🔍 **问题导入**

故事：四只毛毛虫

毛毛虫都喜欢吃苹果，有四只毛毛虫长大了，各自去森林里找苹果吃。

第一只毛毛虫跋山涉水，终于来到一棵苹果树下。它根本就不知道这是一棵苹果树，也不知道树上长满了红红的可口的苹果。它在看到其他的毛毛虫往上爬时，就稀里糊涂地跟着往上爬，没有目的，不知终点，更不知自己到底想要哪一种苹果，也没想过怎么样去摘取苹果。它最后的结局呢？也许找到了一个大苹果，幸福地生活着；也可能在树叶中迷了路，过着悲惨的生活。

第二只毛毛虫也爬到了苹果树下。它知道这是一棵苹果树，也确定它的目标就是找到一个大苹果。问题是它并不知道大苹果会长在什么地方。但它猜想：大苹果应该长在大枝叶上吧！于是它就慢慢地往上爬，遇到分枝的时候，就选择较粗的树枝继续爬。它按照这个标准一直往上爬，最后终于找到了一个大苹果，这只毛毛虫刚想高兴地扑上去大吃一顿，但是放眼一看，它发现这个大苹果是树上最小的一个，上面还有许多更大的苹果。更令它泄气的是，要是它上一次选择另外一个分枝，就能得到一个大得多的苹果。

第三只毛毛虫也到了一棵苹果树下。这只毛毛虫知道自己想要的就是大苹果，并且研制了一副望远镜，还没有开始爬时就先利用望远镜搜寻了一番，找到了一个很大的苹果。同时，它发现从下往上找路时，会遇到很多分枝，有各种不同的爬法；但若从上往下找路时，却只有一种爬法。它很细心地从苹果的位置，由上往下反推至目前所处的位置，记下这条确定的路径。于是，它开始往上爬了，当遇到分枝时，它一点也不慌张，因为它知道该往那条路上走，而不必跟着一大堆毛毛虫去挤破头。但是真实的情况往往是，因为毛毛虫的爬行速度相当缓慢，当它抵达时，苹果不是被别的虫捷足先登，就是苹果已因熟透而烂掉了。

第四只毛毛虫可不是一只普通的毛毛虫，做事有自己的规划。它知道自己要什么苹果，也知道苹果将怎样长大。因此当它带着望远镜观察苹果时，它的目标并不是一个大苹果，而是一朵含苞待放的苹果花。它计算着自己的行程，估计当它到达的时候，这朵花正好长成一个成熟的大苹果，它就能得到自己满意的苹果。结果它如愿以偿，得到了一个又大又甜的苹果，从此过着幸福快乐的日子。

第一只毛毛虫是只毫无目标、一生盲目、没有自己人生规划的糊涂虫，不知道自己想要什么。遗憾的是，一部分人都在像第一只毛毛虫那样活着。

第二只毛毛虫虽然知道自己想要什么，但它不知道该怎样去得到更大的苹果，因此它做出了一些看似正确却使它渐渐远离更大的苹果的选择。而曾几何时，正确的选择离它那么近。

第三只毛毛虫有非常清晰的人生规划，也总是能做出正确的选择，但是，它的目标过于远大，而自己的行动过于缓慢，成功对于它来说，已经是明日黄花。机会、成功不等人。

第四只毛毛虫，它不仅知道自己想要什么，而且知道如何去得到自己的苹果，知道得到苹果应该需要什么条件，然后制订清晰实际的计划，在望远镜的指引下，它一步步实现自己的理想。

假如我们就是毛毛虫，你会是哪只毛毛虫呢？苹果对你来说意味着什么？在苹果树下，你会如何寻找自己想要的苹果呢？

知识导航

一、什么是生涯

(一)生涯的含义

关于生涯的含义，美国学者舒伯（Super）于 1976 年提出，生涯是生活中各种事态的连续演进方向，包含职业和生活角色，展现出独特的自我发展形势，包含有酬职业与无酬职业的综合。一般来说，生涯即个人所经历的多种角色在所处的生活空间环境中发生的预期事件及非预期事件之总和。

生涯像一座无尽的宝藏，个体唯有历尽千辛万苦，才能挖掘到属于自己的珍宝；有人说，生涯像一座陡峭险峻的高山，唯有不懈地求索，拥有顽强的毅力，才能披荆斩棘，最终一览峰顶的奇妙壮丽；还有人说，生涯就像在大海中漂泊的船只，唯有坚定不移地驶向目标，才有希望到达理想的港湾……

不同的人对生涯有着不同的理解。简单地说，生就是生命或人生，涯就是边界的意思。生和涯合在一起，指的是人的生命历程。也可以说，生涯就是我们在一生中所扮演的各种角色的总和。我们要扮演什么角色、选择何种职业、想要过什么样的生活，都是生涯的一部分。

生涯是有方向性的，不是一个固定的点，而是有方向的。人生好比一次漫长的自助旅行，需要我们做自己最佳的导游：在成长的路途中，我们需要不断地设定和调整目标，坚定自己的信心。

生涯的发展是持续不断的过程。未来的职业生活不会占据我们的全部生命，而生涯的发展却是一生中连续不断的过程，仿佛一条绵长的生命线，从过去发展到现在，从现在延伸到将来。

每个人的生涯都是独一无二的。我们和别人可能有相同的职业，在生活中扮演的角色也可能相同，如学生、子女等，但是我们扮演每种角色的方式和态度却具有自己的独特性。每个人的生涯是不同的，生涯是我们个人主动以自己的方式塑造的，生涯的过程就是"我"的发展过程。

(二)生涯的特点

生涯本身就有丰富的内涵与范围。总的来说，一个人的生涯主要有以下特点。

(1)方向性：它是生活里各种事态的连续演进方向。

(2)时间性：生涯的发展是一生中连续不断的过程。

(3)空间性：生涯以事业的角色为主轴，也包括了其他与工作有关的角色。

(4)独特性：每个人的生涯发展都是独一无二的。

(5)现象性：只有在个人寻求生涯的时候，它才存在。

(6)主动性：人是生涯的主动塑造者。

二、生涯阶段任务

根据舒伯的观点，一个人的生涯通常可以按年龄从小到大分为五个阶段，每个阶段都有相应的且独特的阶段任务。也就是说在什么年龄就要做这个年龄该做的事，不必着急往前赶，也不应该推迟和延后。表 6-1 概括了舒伯理论中每个阶段的任务。

表 6-1　舒伯理论中每个阶段的任务

年龄	0～14 岁	15～24 岁	25～44 岁	45～64 岁	65 岁以后
阶段	成长阶段	探索阶段	建立阶段	维持阶段	衰退阶段
任务	确立自我概念及工作态度	角色探索与职业探索	确立职业并建立关系	维持职业地位及应对挑战	退出职业并发展非职业角色

高中生处于生涯的"探索阶段"，大部分时间会在学校度过，主要任务就是通过学习、考试、课外活动、社会实践等，对自己的兴趣、能力、价值观念、职业偏好等进行探索，尽可能多地参加不同的活动，一方面体验自己所扮演的各种角色，另一方面对职业有进一步的认知。探索阶段又可以具体分为三个，如表 6-2 所示。需要注意的是，由于舒伯的生涯理论提出时间较早，近几十年，随着高等教育普及，年轻人在学校学习的时间延长，生涯探索阶段的过渡阶段和试验阶段也相应延后，年轻人有了更多的时间去思考和探索。

表 6-2　舒伯理论的"探索阶段"

探索阶段（15～24 岁）	
主要任务	通过学校学习、休闲活动及工作体验，进行自我考查、角色探索和职业探索
试探期（15～17 岁）	综合考虑兴趣、能力、职业价值、就业机会，使职业偏好具体化
过渡期（18～21 岁）	正式进入职场，或接受专门的职业训练，使职业偏好特定化
试验期（22～24 岁）	初步确定就业领域，对职业发展目标的可行性进行试验

三、生涯角色和生涯规划

(一)生涯角色的界定

舒伯认为，大多数人在一生中都会扮演 9 种主要的角色，包括子女、学生、休闲者、公民、工作者、夫妻、家长、父母和退休者。其中，子女、夫妻、家长和父母都是关系角色，是由于和某些特定人物的关系而存在的。关系角色中还可以有朋友，对于一些人来说，朋友角色的重要性甚至超过某些家庭角色。学生、公民、工作者和休闲者可以被称为活动角色，它们是由于从事某些活动而存在的。

个体的生涯发展在某种程度上就是对各种人生角色的选择，只不过有些人生角色的选择是主动的，而有些是被动的，如子女的角色。我们每个人都不能选择是否为人子女。

(二)生涯彩虹图

为了综合阐述生涯发展阶段与人生角色彼此间的相互影响，舒伯创造性地描绘出一个多重角色生涯发展的综合图形——生涯彩虹图，如图 6-1 所示，它形象地展现了生涯发展的时空关系，更好地诠释了生涯的定义。在生涯彩虹图中，纵向层面代表的是纵观上下的生活空间，是由一组职位和角色组成的，分成子女、学生、休闲者、公民、工作者、持家者六个不同的角色，他们交互影响交织出个人独特的生涯类型。

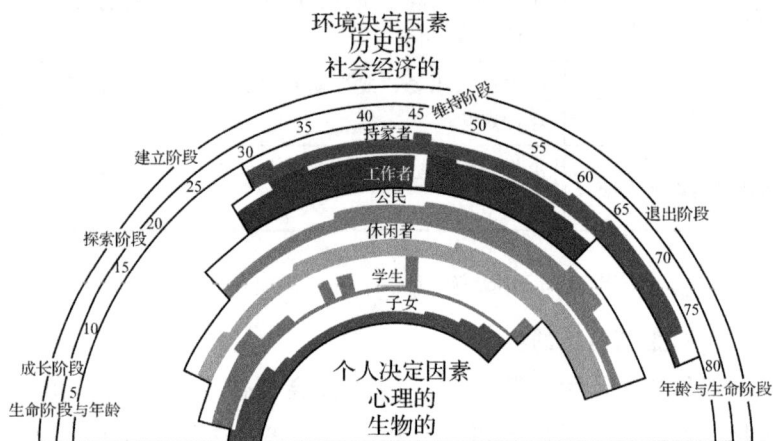

图 6-1　生涯彩虹图

舒伯认为个人在发展历程中，随年龄的增长而扮演不同的角色，图的外圈为主要发展阶段，内圈阴影部分的范围、长短不一，表示在该年龄阶段各种角色的分量；在同一年龄阶段可能同时扮演数种角色，因此彼此会有重叠，但其所占比例则有所不同。

(三)生涯规划

生涯规划就是每个人根据自身的条件，做最佳的职业发展安排和管理，以在工作中充分了解自我的能力，发挥自我的潜能，做最好的自己。在生活中，人与人不同，其职业要求也是多种多样的。人们需要通过各种渠道了解、把握信息，也需要对自我进行多层面的认识与调整，最终实现个人生涯规划和职业、兴趣、能力相匹配。

在生涯规划中，我们要对前一部分提到的生涯角色做出选择，是否要选择某些角色？什么时候真正进入某个角色？在"扮演"某个角色时我们要具体做什么？我们"扮演"某个角色的终极目标是什么？需要提醒大家的是，我们在选择自己的生涯目标时，不光要注重自己的兴趣、喜好和能力特点，也要兼顾家庭和社会的要求，毕竟我们每个人的生存都离不开家庭和社会的支持，我们未来的生活也要为家庭与社会的和谐发展贡献自己的力量。

主题活动

主题活动一： 成长五部曲

(一)活动目的

通过游戏，学生经历成长的过程，明白成长过程中的艰难与反复，体会不同的成长方式。学生对自我进行探索，感受在游戏过程中，自我的表现是怎样的，不同的自我表现隐藏的自我状态如何，体会自己的表现，观察别人的表现，思考游戏中孕育的成长内涵。

(二)活动过程

1. 情境导入

从远古生物进化到今天的人类，人类历史经历了漫长的发展与变化。一部人类进化史就是一部人类的成长史。同样，我们每个人也要经历成长，在成长的不同阶段，我们会遇到许多成长中的问题，可能会感到困惑、无奈、失望甚至悲伤。与此同时，成长也是一件美好的事情，充满奇特、幸运、感动与创造。成长过程中的点点滴滴需要我们细心体味。

2. 活动规则

(1)所有学生需要完成蛋—小鸡—鸟—猴子—人的五级进化过程。

(2)每级生物都有自己独特的代表性动作，蛋是蹲下抱头；小鸡是半蹲着左右舞动双手；鸟是站着左右舞动双手；猴子是单足站立着、一只手在额前；人是直立行走。

(3)在活动过程中，学生都以身体姿势代表每级生物所处的阶段，不能用语言交流。

(4)每一次进化采用"锤子、剪刀、布"的方式进行，两个同级的生物猜拳竞争，谁赢了谁就往上进化一级。输的一方仍然要找同级的生物猜拳，赢的一方往上进化，直至进化为人。

(5)进化到人的学生可以先站到场地的一边，观察活动的进行。没有完成进化的学生要在场地中继续完成进化。在活动的结束阶段，总会留下个别学生没有完成进化。

(6)活动时间为 10~15 分钟。

(三)小组交流

(1)请说一下你在刚才活动的过程中的心理变化。

(2)你觉得再来一次，你会如此顺利地完成进化吗？

(3)被迫降级为蛋时，你心情怎样？你是如何行动的？

(4)活动中的进化过程反映的是我们的成长过程，在不同的成长阶段，我们会遇到许多成长中的问题，请思考一下孕育成长的内涵。

主题活动二： 穿别人的鞋子跑步

(一)活动目的

人生需要规划，而规划的基础是清晰的自我认知。对自己认识不清可能让人在生涯选择时做出错误决定。本次活动通过"穿别人的鞋子"让学生切实感受到"选择"最适合自己的有多重要。

(二)活动过程

(1)所有学生都站到讲台上，每个人都脱下自己的一只鞋。

(2)学生将脱下的鞋用力甩到尽可能远的地方。

(3)给大家1分钟的时间调整，教师喊"1、2、3"之后，所有学生马上到下面选一只鞋子。

(4)学生穿上自己选的鞋子，在教室里跑3圈，并在原地蹦5下。

(三)小组交流

(1)当没有找到合适的鞋子时，你的反应是什么？

(2)穿着别人的鞋子跑步和蹦跳的时候，你有什么感觉？

(3)如果把鞋子比作生活或学习中的一些事，你有什么样的发现？

(4)如果以后遇到类似的情况，你会怎样选择呢？

(5)怎样避免"穿别人的鞋子跑步"的情况，怎样选择最适合自己的鞋子？

主题活动三： 10年后的我

(一)活动目的

本活动借助表格，填写"10年后的我"与"我的10年规划"。

(二)活动过程

(1)写一写。

请拿出自己 10 年前的相片(课前准备好),看看目前的自己,想一想 10 年来,你发生了哪些变化。变化既可以是身体外貌上的,也可以是性格、学业上的,或者是心智思想上的……将自己各方面的变化写下来。

(2)小组交流。

每组选择 2～3 名学生与大家分享自己 10 年来的变化。

(3)放松冥想。

刚才大家都回顾了 10 年前的自己,现在让我们一起放松一下。请大家闭上眼睛,以自己感觉最舒服的姿势坐好。(播放轻松的背景音乐,通过语言引导学生放松冥想。)好,现在深深地吸气,慢慢地呼气。再来一遍,深深地吸气,慢慢地呼气,重复一遍,深深地吸气,慢慢地呼气。春天来了,一片鸟语花香,你静静地躺在绿油油的草地上,心情舒适而愉快地享受春天带给你的欢乐与愉快,你觉得舒服极了。接下来,让我们搭乘时光机来到 10 年后的世界,10 年后你在哪里?(停顿片刻)在做什么?(停顿片刻)旁边有人吗?(停顿片刻)那是谁?(停顿片刻)这个人对你来说重要吗?想一想,10 年之后你的生活是怎样的?(停顿片刻)你想要达到的目标是什么?你将怎样达到你的目标?再仔细想一想,一定要想清楚,越清晰越好,越具体越好。(停顿片刻)好,接下来,我们要搭乘时光机回到现在哦!数到 3 时请将你的眼睛张开,1,2,3。

(4)填写简介卡。

填写"10 年后的我"与"我的 10 年规划",如表 6-3 所示。

表 6-3　简介卡

10 年后的我	
姓名	
年龄	
毕业院校	
职业	
职位	
月收入	
业绩	
工作地点	
居住地	
居住情况	
社会贡献情况	
积蓄情况	
与 10 年前的自己相比进步的方面	
与 10 年前的自己相比退步的方面	
现在自己感到最满意的地方	
这 10 年来我是如何努力的 （可参考"我的 10 年规划"填写）	
填写注意事项： 从现在的实际情况出发去设想未来，不要让这个设想变空想； 设想尽量具体，不要过于空泛； 想清楚所设想的 10 年后的自己，这 10 年你需要做什么，怎么做。	
我的 10 年规划	
10 年后，我 26 岁，我	
23～25 岁，大学毕业这两年，我	

续表

19~23岁，在大学期间，我	
18岁，我参加高考这一年，我	
17岁，高二这一年，我	
16岁，高一这一年，我	

（5）集体分享。

在交流分享过程中，模拟现在是10年后的聚会，大家谈谈自己的现状，重点是如何为实现自己的目标而努力，以及采取怎样的行动方案，自己为克服困难做了哪些努力。

（三）活动总结

我们可以把理想具体化为一个个切实可行的小目标并为之奋斗，极大地降低了理想实现的遥远的距离感，操作性极强。我们以自身为例，用自己毕业前后的经历来证明确立目标给自己带来的积极影响，并意识到，成功的例子不仅出现在光彩耀人的名人身上，也可以出现在每一个普通人身上。

拓展延伸

学习充电站：电影推荐

影片一：《白日梦想家》

导演：本·斯蒂勒

年份：2013年

推荐理由：电影讲述的是一个"心动不如行动"的故事。主人公沃尔特是杂志社的一名胶片洗印经理，在日复一日的工作中，他时常"放空"，做一些成为英雄的白日梦。但在现实生活中，他却是一个性格内向、不善交流的人。直到有一天，他需要完成一个重要的任务，为了这个使命，他开始一点点地突破自己的"安全区"，并在朋友和家人的鼓励下踏上一场真正的冒险之旅，冰原、大海、喜马拉雅山……沃尔特终于发现白日梦远不及现实壮丽。

影片二：《遗愿清单》

导演：罗伯·莱纳

年份：2007 年

推荐理由：电影讲述的是在面对死亡时，两位老人如何对待梦想的故事。罹患癌症的老富翁科尔因为巧合与一位同样身患绝症的汽车修理技师卡特住在同一个病房，并结下了友谊。科尔偶然发现了卡特的"遗愿清单"，受到深深触动，于是他决定运用自己的力量，帮助这位朋友将纸上的疯狂梦想一一实现，一起去体会人生的真正意义……

名人故事：约翰·戈达德的 127 个目标

在美国西部一个普通的小山村里，有一位一贫如洗的农家少年。8 岁那年，他收到了一份珍贵的礼物，一份来自爷爷的世界地图。从此，地图上的每一个名字都让他产生了无尽的想象。他一遍遍地浏览着地图上标注的城市，思绪亦随之纵横驰骋，渴望抵达世界各地的翅膀在幻想的风景中自由翱翔……

15 岁那年，这位少年写下了他气势不凡的计划——"一生的志愿"：

"要到尼罗河、亚马孙河和刚果河探险；要登上珠穆朗玛峰、乞力马扎罗山和麦金利峰；驾驭大象、骆驼、鸵鸟和野马；探访马可·波罗和亚历山大一世走过的道路；主演一部（《人猿泰山》那样的）电影；驾驶飞行器起飞降落；读完莎士比亚、柏拉图和亚里士多德的著作；谱一部乐曲；写一本书；拥有一项发明专利；给非洲的孩子筹集 100 万美元捐款……"

他一口气列举了 127 项人生的宏伟志愿，不要说实现它们，就是看一看，就足够让人望而生畏了。许多人看过他设定的这些远大目标后，都一笑置之。所有人都认为：那不过是一个孩子天真的梦想而已，随着时光的流逝，很快就会烟消云散。

然而，少年的心却被其"一生的志愿"激荡着，他的脑海里一次次地浮现出自己漂流在尼罗河上的情景；梦中一次次地闪现出他登上乞力马扎罗山顶峰的豪迈；甚至在放牧归来的路上，他也会沉浸在与那些著名人物交流的遐想之中……没错，他的全部心思都已被自己的"一生的志愿"紧紧地牵引着，并让他从此开始了将梦想转变为现实的漫漫征程。

那是一场壮丽的人生跋涉，也是一场异常艰难的生命之旅。但他一路豪情壮志，一路风霜雪雨，硬是把一个个近乎空想的夙愿变成了活生生的现实。他也因此一次次地品味到了搏击与成功的喜悦。44 年后，他终于实现了"一生的志愿"中的 106 个愿望。

他就是 20 世纪著名的探险家约翰·戈达德。

约翰·戈达德曾经说过："我总是让心灵先到达梦想中的地方，随后，全身就有了一股神奇的力量；接下来，就只需沿着心灵的召唤前进。"是啊！在目光无法抵达的远方，我们拥有心灵；在脚步无法到达的地方，我们拥有梦想。

▤ 课后任务

（1）请将你的规划转述给 5 位师友，并请对方提出看法和建议。根据师友的建议修正自己的规划，然后把最终的 10 年规划贴在显眼处。

（2）利用本节课学到的知识，访谈一两个自己的家人（如父母、爷爷奶奶、叔父等人），了解他们的生涯故事、年轻时的生涯规划以及他们如何管理自己的生涯角色。此外，了解家人对你的生涯规划提出的建议和意见。访谈结束后，写下你的感想和收获。

第七课

规划蓝图，成就未来

🔍 问题导入

22 岁时，施瓦辛格踏入了美国好莱坞。在好莱坞，他花费了 10 年时间，利用自身的优势，刻意打造坚强不屈、百折不挠的硬汉形象。终于，他在演艺界声名鹊起。当他的电影事业如日中天时，女友的家庭在他们相恋 9 年后，也终于接纳了他。他的女友就是赫赫有名的肯尼迪总统的侄女。

2003 年，57 岁的他，告老退出影坛，转而从政，成功竞选为美国加利福尼亚州州长。

想一想，施瓦辛格的职业规划给了你什么启发？

🔗 知识导航

一、职业的概念

职业的产生是社会分工的结果，它决定了人在社会中的角色。职业不仅关系到个人而且关系到我们生活的各个方面。

从广义来讲，职业就是我们利用自己所学的知识和技能，从事一种可以为社会创造经济价值、精神价值，并从社会中获取物质及精神补偿的活动。在英文里，职业的拼写是"occupation"，它不同于"job"（工作），是有更广阔的外延的概念。"职"的意思是责任、职务。"业"就是行业、职业，不仅反映了个人从事的工作，也反映了个人从事职业作为一种社会性活动对社会的价值。每个人可以通过所从事的职业，发挥潜能，履行社会角色，实现生活理想，享受工作的乐趣，进而实现自我。

从狭义上来讲，职业在词典中的解释是"个人所从事的作为主要生活来源的工作"。本书对职业的定义为"工作＋收入"，即职业的狭义概念。狭义的职业相对单纯，强调了职业作为一种谋生手段来满足个人的基本需求。如果生理需求没有被满足的话，职业就成了主宰个人的力量。职业可以提供收入，来帮助个人满足基本需求。狭义的职业定义其实也就是广义的职业的早期阶段。工作的动机是人们需要有效地运用肌肉、体力、智力来完成工作任务。

二、职业的分类

职业是一个多层次且复杂的系统，有着成千上万的类别。在实际就业前，人们要对职业有所认识，才不至于对复杂的职业系统感到困惑和彷徨。

从世界的角度看，联合国劳动领域的专业性组织——国际劳工组织（International Labour Organization，ILO），在20世纪40年代末开始组织许多国家的有关专家和国际组织，共同编制职业分类的工具书。1958年国际劳工组织的工作机构——国际劳工局颁布了第一部《国际标准职业分类》，成为各国编制职业分类的依据和各国间交流的标准。

世界各国根据自己国家的经济发展状况和社会结构制定了一些符合本国国情的职业分类标准。表7-1是我国的职业分类。

表 7-1　中华人民共和国职业分类

类别	
第一大类	党的机关、国家机关、群众团体和社会组织、企事业单位负责人
第二大类	专业技术人员
第三大类	办事人员和有关人员
第四大类	社会生产服务和生活服务人员
第五大类	农、林、牧、渔业生产及辅助人员
第六大类	生产制造及有关人员
第七大类	军队人员
第八大类	不便分类的其他从业人员

三、职业与专业的关系

有人说，专业决定了职业。又有人说，专业与职业没有多少联系。职业与专业之间不是一一对应的关系，当然也不是一点关系也没有。例如，学习中文的依然可以成为记者或教师，学习新闻的也可以成为高校教师或者公务员。从专业与职业的相关性来讲，它们之间的关系可以概括为三种：一对一、一对多、多对一。

我们在进行学业规划的时候，首先要研究和分析专业与职业的相关性，到底是一对一、一对多还是多对一？在确定了这些问题之后，我们来具体讨论在这三种情况下的专业选择。

(一)一对一

一个专业方向对应一个职业目标，一般存在于中职类学校或高职学院，培养目标单一、明确。此类职业的技术含量比较高，也比较单一，它属于学业规划中比较主动的一种态势，可以让我们先定目标，后选路线，在各种路线中选择求学成本最低的一条。一对一的情况较多出现在技术人员中，如数控机床专业学生毕业后可以在企业中做数控机床的操作与维护，最后发展成为高级技师。烹饪专业学生毕业后最适合的职业是厨师。

（二）一对多

一个专业方向对应一个以上职业目标。一对多的情况往往存在于普通高校中，人们常说的宽口径、厚基础就是指能够对标多个职业的专业。专业学习给职业选择打下了基础，在此基础上，学生可以通过更有针对性的知识学习和技能训练为职业选择做好铺垫。比如，经济学专业毕业的学生可以从事企业管理、经济学研究、新闻记者、策划营销、经济分析、高校教师等多种职业。

（三）多对一

多对一的情况是多种专业都可以发展到某一种职业的形式。它也适用于先确定职业目标，然后根据实际情况确定专业发展方向的情形。它其实和一对一比较类似，在学业规划时处于比较主动的态势，能够比较好地找到一条求学成本最低的学业路线。比如，高校教师、科研人员、新闻记者、编辑人员、营销主管、企业管理人员等多种职业都不局限于某一个或某一些专业，如新闻记者可以是经济学、新闻、中文、哲学、历史等专业毕业的学生。

主题活动

主题活动一： 真人图书馆

(一)活动目的

通过收集真人图书资源，了解不同职业。

(二)活动内容

有一种图书馆，藏的不是书，而是人。读者在这个图书馆中"借"一个活生生的人，并与其交谈，获得比书本上更丰富、更生动的见识，这就是从丹麦的哥本哈根被推向全世界的真人图书馆。

真人怎么馆藏？其实真人图书馆是一个虚拟的概念。不需要实体的空间，也不需要把人像书籍一样摆放，而是通过收集真人的基本信息，制作成资源库清单，借阅者可以像点开链接一样，选中他想了解的真人。之后图书馆就会安排真人与读者见面，让读者通过与真人交谈来进行"阅读"。

想想看，我们身边的真人图书资源是不是也很丰富呢？假如学校可以通过整合家长的资源，创设一个属于自己班级的"真人图书馆"，来"阅读"职场的信息，是不是很酷呢？

(1)课前面向全班征集学生家长成为"真人图书"志愿者，试着向志愿者收集以下报名信息，如表 7-2 所示。

表 7-2 "真人图书"志愿者报名表

姓名		工作照片
行业		
职业		
工作历程		

（2）将信息归类整理，制成借阅信息清单，如表 7-3 所示，供全班同学点选，被点选次数最多的家长志愿者成为当期被借阅的"真人图书"。

（3）邀请被借阅的"真人图书"家长到课堂上分享自己的行业、职业等信息，学生通过提问、互动的方式，获取尽可能多的职业信息。对了，记得做读"书"笔记哦！

（4）为了充分利用馆藏资源，每个学期或者每个月都可以循环举办"真人图书"借阅活动。

表 7-3　借阅信息清单

姓名		工作照片
行业		
职业		
工作历程		
姓名		工作照片
行业		
职业		
工作历程		
姓名		工作照片
行业		
职业		
工作历程		
姓名		工作照片
行业		
职业		
工作历程		

主题活动二： 职业憧憬卡

（一）活动目的

通过职业憧憬卡，学生可选取自己感兴趣的职业，让生涯规划有实际的方向。每张职业憧憬卡的背后都有对应的职业种类以及对应的学群，可以当作生涯规划的重要参考依据。

（二）活动过程

玩法一

（1）将卡片分成两堆，左边放"这是我感兴趣的职业"，右边放"这是我不感兴趣的职业"。

（2）从"这是我感兴趣的职业"的那堆卡片里，挑出我向往的前十张，剩下的收起来，再从前十中挑出前三。

（3）分享挑卡时的内在心理历程：在挑卡片的过程中有没有发现或者注意到什么？哪一张卡片是本来没有的？或者哪一张卡片是你原本以为会被拿掉，却一直被留下来的？

（4）分类：让成员依插画将十张卡片分类。看哪一类图案的最多，哪一类图案的最少（甚至没有）？自己和别人各类卡片的多寡有何不同？

（5）检视卡片背面下方的红字，看看出现最多的是哪一学群，作为自己升学或进修的方向。

玩法二

（1）分发卡片：4人为一小组，选出一个组织者，组织者将卡片打乱后，每人随机抽取3张，不要给别人看，剩余卡片叠成一叠（插画大的那一面朝上）放在小组成员中间。

（2）抽取卡片：从组织者开始，从手中3张卡片中抽取一张不喜欢的扔出，从放在小组成员中间的那叠卡片中抽取最上面一张，放回手中(不公开)，依次轮流分发与选择卡片，直到一整叠卡片使用完为止。最终每人手中仍然只有 3 张卡片，当 3 张都是自己所喜欢的职业时，就可以停止更换卡片。

(3)交换卡片：当自己分发和选择卡片后，若看到桌上被自己扔掉的卡片中有自己最喜欢的没抽到，可利用手中的 2 张卡片换 1 张，若想要的那张卡片在同学手中，可用空白卡纸写上置换手中的 2 张卡片。

(4)分享：通过活动，同学们可以明确自己喜欢的职业，从而在生涯规划中明确方向，并更有针对性地做好规划。

(三)活动总结

通过活动，学生可以明确自己喜欢的职业，从而在生涯规划中明确方向，并更有针对性地做好规划。

主题活动三： 职业访谈

(一)活动目的

职业访谈，是通过与一定数量的职场人士会谈来获取关于某个行业内部信息的一种职业探索活动。通过访谈，了解该行业的实际情况，获取相关职业领域的信息，进而判断你是否真的对该工作感兴趣，这实际上是一次间接、快速的职业体验。

(二)活动过程

1. 活动准备

编制"职业访谈提纲"，提前一周布置访谈任务。为了避免重复，事先制作职业名称卡片，其数量等于班级学生数，让学生根据自己的兴趣选择所访谈的职业。利用周末对抽到的职业按"职业访谈提纲"进行访谈，如表 7-4 所示，做好详细记录，整理后打印在 A4 纸上(最好配有图片)。

表 7-4 职业访谈提纲

(1)职业名称。
(2)它的主要工作内容是什么？
(3)主要工作场所是在室内还是在室外？
(4)工资发放办法是怎样的？
(5)工作时间是固定的，还是自行调配的？
(6)做好这项工作需要具备哪些基本职业技能？
(7)从业者需要具备哪些特殊能力或个人特质？
(8)本行业的就业形势怎样？
(9)从业者在其工作中曾面临过哪些压力或困境？
(10)从业者对其职业的成就感主要来自哪一方面？
(11)从业者当初为何要选择这个职业？
(12)从业者对目前职业的满意程度如何？
(13)从业者认为这份职业未来发展的机会如何？

2. 职业访谈分享

(1)组织学生以小组为单位围圈坐好，拿出自己的职业访谈纪要，每个学生在小组内做简要的访谈报告。

(2)小组内的每个学生报告完毕后，组长负责组织小组成员将每个人的报告贴在展板上，并适当装饰。

(3)各小组将展板均匀摆放在活动室四周，教师组织学生参观其他小组的展板，让每个学生都能了解更多的职业。

(三)活动总结

通过职业访谈，学生可以更好地认识不同职业，进行职业探索和职业认识，进而做好职业生涯规划。

♥ 职业兴趣测试

你将要阅读的"职业兴趣自测问卷"，可以帮助你做个性自评，从而明确自己的个性特征更适合从事哪方面的工作。请你根据对每一题目的第一印象作答，不必仔细推敲，答案没有好坏、对错之分。具体填写方法：根据自己的情况，如果选择"是"，请打"√"，否则请打"×"。

1. 我喜欢把一件事情做完后再做另一件事情。　　（　　）

2. 在工作中我喜欢独自筹划，不愿受别人干涉。　（　　）

3. 在集体讨论中，我往往保持沉默。　　　　　　（　　）

4. 我喜欢做戏剧、音乐、歌舞、新闻采访等方面的工作。

　　　　　　　　　　　　　　　　　　　　　　（　　）

5. 每次写信我都一挥而就，不再重复。　　　　　（　　）

6. 我经常不停地思考某一问题，直到想出正确的答案。

　　　　　　　　　　　　　　　　　　　　　　（　　）

7. 对别人借我的和我借别人的东西，我都能记得很清楚。

　　　　　　　　　　　　　　　　　　　　　　（　　）

8. 我喜欢运用抽象思维的工作，不喜欢动手的工作。（　　）

9. 我喜欢成为人们注意的焦点。　　　　　　　　（　　）

10. 我喜欢不时地夸耀一下自己取得的好成就。　（　　）

11. 我曾经渴望有机会参加探险。　　　　　　　（　　）

12. 我在独处时，会感到更愉快。　　　　　　　（　　）

13. 我喜欢在做事情前，对此事情做出细致的安排。（　　）

14. 我讨厌修理自行车、电器等的工作。　　　　（　　）

15. 我喜欢参加各种各样的聚会。　　　　　　　（　　）

16. 我愿意从事虽然工资少但是比较稳定的职业。（　　）

17. 音乐能使我陶醉。　　　　　　　　　　（　　）

18. 我办事很少思前想后。　　　　　　　　（　　）

19. 我喜欢经常请示上级。　　　　　　　　（　　）

20. 我喜欢需要运用智力的游戏。　　　　　（　　）

21. 我很难做那种需要持续集中注意力的工作。（　　）

22. 我喜欢亲自动手制作一些东西，并从中得到乐趣。（　　）

23. 我的动手能力很差。　　　　　　　　　（　　）

24. 和不熟悉的人交谈对我来说毫不困难。　（　　）

25. 在和别人谈判时，我总是很容易放弃自己的观点。（　　）

26. 我很容易结识同性朋友。　　　　　　　（　　）

27. 对于社会问题，我通常持中庸的态度。　（　　）

28. 当我开始做一件事情后，即使碰到再多的困难，我也会执着地干下去。　　　　　　　　　　　　　　（　　）

29. 我是一个沉静而不易动感情的人。　　　（　　）

30. 当我工作时，我喜欢避免干扰。　　　　（　　）

31. 我的理想是当一名科学家。　　　　　　（　　）

32. 与言情小说相比，我更喜欢推理小说。　（　　）

33. 有些人太霸道，有时我明明知道他们是对的，也要和他们对着干。　　　　　　　　　　　　　　　（　　）

34. 我爱幻想。　　　　　　　　　　　　　（　　）

35. 我总是主动地向别人提出自己的建议。　（　　）

36. 我喜欢使用榔头一类的工具。　　　　　（　　）

37. 我乐于解除别人的痛苦。　　　　　　　（　　）

38. 我更喜欢自己下了赌注的比赛或游戏。　（　　）

39. 我喜欢按部就班地完成要做的工作。　　（　　）

40. 我希望能经常换不同的工作来做。　　　（　　）

41. 我总留有充裕的时间去赴约会。 （　　）

42. 我喜欢阅读自然科学方面的书籍和杂志。 （　　）

43. 如果掌握一门手艺并能以此为生，我会感到非常满意。

（　　）

44. 我曾渴望当一名汽车司机。 （　　）

45. 别人谈"家中被盗"一类的事，很难引起我的同情。

（　　）

46. 如果待遇相同，我宁愿当商品推销员，而不愿当图书管理员。 （　　）

47. 我讨厌跟各类机械打交道。 （　　）

48. 我小时候经常把玩具拆开，把里面看个究竟。 （　　）

49. 当接受新任务后，我喜欢以自己的独特方法去完成它。

（　　）

50. 我有文艺方面的天赋。 （　　）

51. 我喜欢把一切安排得整整齐齐、井井有条。 （　　）

52. 我喜欢做一名教师。 （　　）

53. 和一群人在一起的时候，我总想不出恰当的话来说。

（　　）

54. 看情感影片时，我常禁不住眼圈发红。 （　　）

55. 我讨厌学数学。 （　　）

56. 在实验室里独自做实验会令我寂寞难耐。 （　　）

57. 对于急躁、爱发脾气的人，我仍能以礼相待。 （　　）

58. 在遇到难解答的问题时，我常常放弃。 （　　）

59. 大家公认我是一名勤劳踏实的、愿为大家服务的人。

（　　）

60. 我喜欢在人事部门工作。 （　　）

职业人格的类型(选择"是"或"否"答案的记 1 分,不符合的记 0 分)

现实型:"是"(2,13,22,36,43);"否"(14,23,44,47,48)。

研究型:"是"(6,8,20,30,31,42);"否"(21,55,56,58)。

艺术型:"是"(4,9,10,17,33,34,49,50,54);"否"(32)。

社会型:"是"(26,37,52,59);"否"(1,12,15,27,45,53)。

企业型:"是"(11,24,28,35,38,46,60);"否"(3,16,25)。

传统型:"是"(7,19,29,39,41,51,57);"否"(5,18,40)。

请将得分最高的三种类型从高到低排列,再对照"人格类型与职业环境的匹配表"(见表 7-5)得出与人格类型相匹配的职业。

表 7-5 人格类型与职业环境的匹配表

类型	人格倾向	典型职业
现实型(R)	具有顺从、坦率、谦虚、自然、坚毅、实际、有礼、害羞、稳健、节俭的特征,表现为: 1. 喜爱实用型的职业或情境,从事所喜好的活动,避免社会型的职业或情境; 2. 用具体实际的能力解决工作及其他方面的问题,较缺乏人际交往方面的能力; 3. 重视具体的事物,如金钱,权力等。	工人、农民、土木工程师

续表

类型	人格倾向	典型职业
研究型（I）	具有分析、谨慎、批判、好奇、独立、聪明、内向、有条理、谦逊、精确、理性、保守的特征，表现为： 1. 喜爱研究型的职业或情境，避免企业型的职业或情境； 2. 用研究的能力解决工作及其他方面的问题，即自觉、好学、自信、重视科学，但缺乏领导方面的才能。	科研人员，数学、生物方面的专家
艺术型（A）	具有复杂、想象、冲动、独立、直觉、无秩序、情绪化、理想化、不顺从、有创意、富有表情、不重实际的特征，表现为： 1. 喜爱艺术型的职业或情境，避免传统型的职业或情境； 2. 富有表达能力和直觉，独立，有创意，不顺从（包括表演、写作、语言），重视审美的领域。	诗人、艺术家
社会型（S）	具有合作、友善、慷慨、助人、仁慈、负责、圆滑、善社交、善解人意、擅长说服他人、理想主义等特征，表现为： 1. 喜爱社会型的职业或情境，避免实用型的职业或情境，以社交方面的能力解决工作及其他方面的问题，但缺乏机械能力与科学能力； 2. 喜欢帮助别人、了解别人，有教导别人的能力，且重视社会与伦理的活动与问题。	教师、牧师、辅导人员
企业型（E）	具有冒险、野心、独断、冲动、乐观、自信、追求享受、精力充沛、善于社交、获取注意、知名度等特征，表现为： 1. 喜欢企业型的职业或情境，避免研究型的职业或情境，会以企业方面的能力解决工作或其他方面的问题能力； 2. 冲动、自信、善社交、知名度高、有领导与语言能力，缺乏科学能力，但重视政治与经济上的成就。	推销员、政治家、企业家

续表

类型	人格倾向	典型职业
传统型 (C)	具有顺从、谨慎、保守、自控、服从、规律、坚毅、实际、稳重、有效率但缺乏想象力等特征，表现为： 1. 喜欢传统型的职业或情境，避免艺术型的职业或情境，会以传统的能力解决工作或其他方面的问题； 2. 喜欢顺从、规律，有文书与数字能力，重视商业与经济上的成就。	出纳、会计、秘书

梁国亮：《孩子幸福，发挥所长：优势型家长亲子教育必读21法则》，北京，北京理工大学出版社，2015。

课后任务

拟写职业生涯规划书

1. 六步规划

第一步：确定你人生的目的地在哪里；

第二步：你能通过什么样的方式到达目的地，你的资源在哪里；

第三步：你需要对如何行动做出计划；

第四步：找出在计划中的哪些事情最难做到；

第五步：你要付出努力，并定期检讨自己在什么地方做得不好，为什么；

第六步：修正自己的计划，坚定目标走下去。

2. 职业生涯规划书基本样式

职业生涯规划书

一、职业方向及总体目标			
职业方向：_____			
总体目标：_____			
二、个人分析			
个性特征（分条描述）：_____			
能力优势、教育背景	现在的		
	未来可能的		
实践经历（兼职、实习情况）			
三、环境分析			
就业环境			
行业环境			
四、目标分析			
短期目标			
中期目标			
远期目标			
五、差距分析			

能力强项	能力弱项	如何提高能力弱项

第八课

认识自我，走向未来

🔍 **问题导入**

　　莫里哀，法国剧作家、戏剧活动家，是法国 17 世纪古典主义文学最重要的作家，古典主义喜剧的创建者，以及欧洲杰出的喜剧家之一。他一生创作了《伪君子》《吝啬鬼》《无病呻吟》等近三十部戏剧，极大地推动了欧洲戏剧的发展。

　　莫里哀生于巴黎一个具有"王室侍从"身份的商人家庭，从小就受到了良好的贵族教育。在童年时代，莫里哀常随长辈观看民间戏剧的演出，并逐渐对戏剧创作产生了非常浓厚的兴趣。长大后，莫里哀拒绝了父亲希望他学习法律、继承商业的要求。他不仅废寝忘食地阅读古希腊、古罗马等国家的著名剧作家的剧本，还走上舞台，演出戏剧。后来莫里哀更是坚定地向父亲宣称放弃"王室侍从"的世袭权利，与一些戏剧爱好者一起组织了"光耀剧团"。由于剧团惨淡经营，莫里哀还曾因负债而被指控入狱。之后，莫里哀不顾当时蔑视演戏的社会风气和家庭压力，毅然与伙伴们一起离家出走，几乎游历了整个法国，也因此莫里哀对当时法国社会各阶层人们都有了深入的观察和了解。他积累了丰富的生活素材，编写并演出了一系列很有影响的喜剧。最后，莫里哀作为剧团的领导人重返巴黎，演出了一系列非常成功的戏剧，国王路易十四因此要"光耀剧团"留在巴黎，之后莫里哀一直在巴黎进行创作。

在面临职业选择时，戏剧大师莫里哀深知自己的兴趣所在，坚定选择自己最感兴趣的工作，在能力不足时阅读积累，不断提高戏剧创作能力，最终成为一代大师。兴趣、能力都是职业选择时需要考虑的重要因素，对自己的兴趣、能力、价值观念等内在因素有清楚的认知，将有助于做出正确的职业选择。

想一想，戏剧大师莫里哀的职业选择给了你什么启发？

知识导航

一、职业自我认知

自我认知是对自己及自己与周围环境关系的认识，包括对自己存在的认识，以及对个体身体、心理、社会特征等方面的认识。自我认知解决"我是一个什么样的人"相关的问题，如对自己的身体、外貌、性格、兴趣、能力、义务、责任、力量等的认识与理解。客观、正确地认识自我是一个复杂的过程，人的自我发展也是一个连续的、终身的过程，对自我的认识是人类永恒的话题。"认识你自己"也是一个终身课题。

自我认知是职业生涯规划最基础、最核心的环节。只有全面客观地认识自我和了解自我，才能对自己未来的职业生涯做出准确的把握和合理的规划。职业规划中自我评估的内容是与个人相关的所有因素，包括个性、兴趣、特长、学识、技能、智商、情商、思维方式等。在职业生涯规划过程中，我们必须要弄清楚以下四个方面的问题。

第一，喜欢干什么。喜欢干什么指的就是职业兴趣问题。人们在确定职业时，首先要考虑自己的兴趣在哪里，喜欢什么。因为一个人在从事自己感兴趣的活动时，能产生愉快的心理体验，并且注意力更加集中，思维会更加活跃，行为会更加持久稳定。

第二，能够干什么。回答"能够干什么"的问题要知道自己的能力和技能。对于一种职业而言，必须要求从业者具备相应的能力。能力是职业适应的基本的制约因素，也是单位聘用人才最重视的因素。

第三，适合干什么。一个人适合干什么，取决于个人特质，其核心是人的性格和气质。我们常说的性格决定命运，性格决定着人的活动方向，是个人区别于他人的主要特征。

第四，最看重什么，即职业价值观。价值观是人的动机和行为模式的统帅，是一种内心尺度，支配着人的行为、态度、信念，以及对客观事物的意义的理解等。职业价值观是个人对某一种职业的希望、愿望与向往，表明了个人通过职业所要追求的理想。

二、兴趣与生涯发展

兴趣是人们力求认识、掌握某种事物，并经常参与某种活动的心理倾向；或者说，兴趣是人们积极探究某种事物的认识倾向。例如，你对某种职业感兴趣，就会对该种职业活动表现出肯定的态度，并积极思考、探索和追求。

(一)兴趣是生涯选择的重要依据

兴趣是最好的老师，它是一种强大的精神力量。兴趣可以使人集中精力去获得他所喜欢的知识，启迪智慧并使人创造性地开展工作。当一个人对某种职业产生兴趣时，他就能发挥整个身心的积极性；就能积极地感知和关注该职业的知识、动态，并且积极思考，大胆探索；就能情绪高涨，想象丰富；就能增强记忆效果，强化克服困难的意志。反之，强迫自己从事某个职业是不会取得良好的效果的，当然也就很难在该职业上发挥个人的优势，做出巨大的贡献了。正像一个人在日常生活中喜欢从事自己感兴趣的活动一样，具有一定兴趣类型的人更倾向于寻找与此有关的职业，特别是在外界环境限制较小时，他更倾向于选择自己感兴趣的职业。

（二）兴趣是工作效率的重要保证

一个人对某一方面的工作感兴趣时，枯燥的工作会变得丰富多彩、趣味无穷。兴趣使工作不再是一种负担，而是一种享受。因为兴趣可以调动人们的全部精力，有助于人们以敏锐的观察力、高度的注意力、深刻的思维和丰富的想象力投入工作中，促进能力的发挥，也就是说兴趣和能力的合理结合会大大提高工作效率。

对某一职业有浓厚的兴趣，是智力开发的"孵化器"。兴趣是工作动力的主要源泉之一。对于一个人来说，对工作感兴趣，就愿意钻研，就容易做出成就。因此，兴趣是职场成功的一个重要因素，它能将你的潜能最大限度地调动起来，使你长期专注于某一方向，做出艰苦的努力，取得令人瞩目的成绩。

（三）兴趣是职业幸福的重要因素

在其他条件相似的情况下，从事自己感兴趣的职业不但能够让你感到满意，而且能够让你的工作单位感到满意。一个人如果能根据自己的爱好去选择职业生涯，他的主动性将会得到充分发挥，即使十分疲倦和辛劳，也总会兴致勃勃，心情愉快；即使困难重重也绝不灰心丧气，能想尽办法，百折不挠地去克服它们，甚至为了工作废寝忘食，如醉如痴。

爱迪生就是个很好的例子。他几乎每天都在实验室里辛苦工作十几小时，在那里吃饭、睡觉，但丝毫不以为苦。"我一生中从未间断过一天工作"，他宣称，"我每天其乐无穷"。

美国芝加哥大学心理学教授奇克森特米哈伊发现：当人们在专心致志地、积极地参与某种活动、忘记了时空和自己的时候，他们会感到非常愉快和满足。他将这种状态称为"flow"（心流）——"聚精会神""忘我"的状态。

三、气质、价值观与生涯发展的关系

气质与价值观是除兴趣之外影响人们生涯发展的两个重要因素。

气质是人的个性心理特征之一，它是指在人的认识、情感、言语、行动中，心理活动发生时力量的强弱、变化的快慢和均衡程度等稳定的人格特征，主要表现在情绪体验的快慢、强弱、表现的隐显以及动作的灵敏或迟钝方面，因而它为人的全部心理活动表现染上了一层浓厚的色彩。它与日常生活中人们所说的"脾气""性格""性情"等含义相近。气质类型通常分为多血质、胆汁质、黏液质、抑郁质四种。多血质的人表现为：热情、活泼、好动，善于交际，容易接受新事物；思维敏捷；情绪情感容易产生也容易变化和消失，容易外露；情绪变化多样；体验不深刻；注意力容易分散，做事往往缺乏持久性等。胆汁质的人表现为：直率热情，精力旺盛，脾气急躁，心境变化剧烈，易感情用事，思维敏捷；反应迅速，但准确性差；情感外露，

但持续时间不长。黏液质的人表现为：稳重，考虑问题全面；安静，沉默，善于克制自己；善于忍耐；情绪不易外露；注意力稳定而不容易转移，外部动作少而缓慢；不易接受新鲜事物，不能迅速地适应环境的变化。抑郁质的人表现为：情感细腻、隐晦，不易外露；善于觉察到别人不易发觉的细小事物，但是不善交际，尤其不愿同陌生人交际；在新的环境和情况下惶恐不安，过度紧张，不能很快地融入新环境中；为人小心谨慎，思考透彻，但多愁善感、行动迟缓、优柔寡断。

气质会影响工作效率，是制约人们选择职业的重要因素之一，不同职业对人的气质有特定的要求。例如，对于要求做出迅速、灵活反应的工作，多血质和胆汁质的人比较合适，而黏液质和抑郁质的人则较难胜任。反之，对于要求持久细致的工作，黏液质、抑郁质的人较为合适，而多血质、胆汁质的人较难适应。

价值观是基于人一定的思维感官而做出的认知、理解、判断或抉择，也就是人认定事物、辨定是非的一种思维或取向，从而体现出人、事、物一定的价值或作用。职业价值观指人生目标和人生态度在职业选择方面的具体表现，也就是一个人对职业的认识和态度以及他对职业目标的追求与向往。

每种职业都有各自的特性，不同的人对职业意义有不同的认识，对职业好坏有不同的评价和取向。职业价值观决定了人们的职业期望，影响着人们对职业方向和职业目标的选择，决定着人们就业后的工作态度和劳动绩效水平，从而决定了人们的职业发展情况。

主题活动

主题活动一： 兴趣岛选择

(一)活动目的

本活动基于学生的兴趣类型特点设置了 6 个不同的岛屿，同时创设一定的情境，让学生自由选择，并进行交流研讨，从而认识与思考自己对应的兴趣类型，把握自己未来生涯的发展方向。

(二)活动准备

活动前准备 6 张大白纸、6 盒水彩笔，学生通过心理游戏和讨论分享、探索自己的兴趣特点，初步了解适合自己的职业类型。

(三)活动过程

1. 情境导入

恭喜你获得了一次免费度假游的机会，有机会去下列 6 个岛屿中的一个，如图 8-1 所示。唯一的要求是你必须要在这个岛上待至少半年的时间。请不要考虑其他因素，仅凭自己的兴趣按 1，2，3 的顺序挑出你想前往的 3 个岛屿。

A 岛——美丽浪漫岛

A 岛上到处是美术馆、音乐厅，弥漫着浓厚的艺术文化气息。岛民们保留着传统的舞蹈、音乐与绘画。许多文艺界人士都喜欢来到这里寻求灵感。

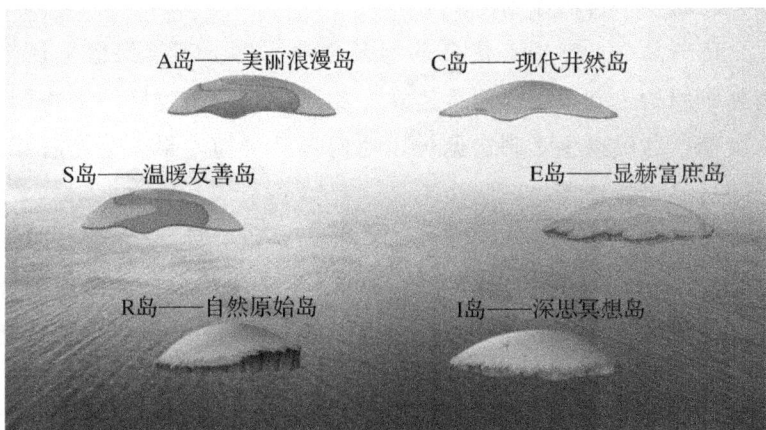

图 8-1　6 种度假岛屿

C 岛——现代井然岛

C 岛处处耸立着的现代建筑，标志着这是一个进步的、都市形态的岛屿。岛上的户政管理、地政管理及金融管理都十分完善。岛民们个性冷静保守，处事有条不紊，善于组织规划。

E 岛——显赫富庶岛

E 岛经济高度发展，处处有高级饭店、俱乐部、高尔夫球场。岛民性格热情豪爽，善于组织企业经营和贸易活动。岛上往来者多是企业家、经理人、政治家、律师等。这些人在岛上享受着高品质的生活。

I 岛——深思冥想岛

I 岛上人少、僻静，适合夜观星象。岛上有很多天文馆、科技博物馆、科学图书馆。岛民们喜欢待在自己的小房子里，天天钻研学问，沉思冥想，探究真知。哲学家、科学家和心理学家们在这里约会，讨论学术、交流思想。

R岛——自然原始岛

R岛是个自然生态优良的绿色之岛。岛上不仅保留有热带雨林等原始生态系统，而且建立了相当规模的植物园、动物园、水族馆。岛民以手工制造见长，他们自己种植花果，栽培蔬菜，修缮房屋，打造器物，制作工具。

S岛——温暖友善岛

S岛的岛民们性情温和，乐于助人，十分友善。大家互助合作，重视教育后代。每个社区都能自成一个密切互动的服务网络，处处充满着人文关怀气息。

2. 自我思考

根据自己的选择思考以下问题：

(1)你在选择过程中是否犹豫不决？为什么选择最终的3个岛屿？

(2)自己平时喜欢做什么，与选择的岛屿有什么关系？

3. 分组讨论

根据自己第一个选择的岛屿分组就座，并讨论以下问题：

(1)了解大家有什么共同的兴趣爱好，并归纳出关键词。

(2)给自己的小组命名，并选取一个标志物和徽标，在白纸上制作一张本小组的宣传图。

4. 小组展示

请两名学生用2分钟展示自己所在小组的宣传图，并在全班内介绍一下小组成员共同的特点。

5. 归纳分析

教师根据学生的展示总结归纳，并分析每个岛对应的类型，如表8-1所示。

表 8-1　六种岛对应兴趣类型分析

类型	喜欢的活动	重视	典型职业
A岛 艺术型	喜欢自我表达，喜欢文学、音乐、艺术和表演等具有创造性、变化性的工作，重视作品的原创性和创意	有创意的想法，自我表达，自由和美	作家、音乐家、摄影师、厨师、漫画家、导演、室内装潢设计师
C岛 常规型	喜欢固定的、有秩序的工作或活动，希望确切地知道工作的要求和标准，愿意在一个大的机构中处于从属地位，对文字、数据和事物进行细致有序的系统处理以达到特定的标准	准确、有条理、节俭	文字编辑、会计师、银行家、书记员、办事员、税务员和计算机操作员
E岛 企业型	喜欢领导和支配别人，通过领导、劝说他人或推销自己的观念、产品而达到个人或组织的目标，希望成就一番事业	经济和社会上的成功，忠诚，有冒险精神，有责任感	律师、政治运动领袖、营销商、市场部经理、电视制片人、保险代理
I岛 研究型	喜欢探索和理解事物，研究那些需要分析、思考的抽象问题，阅读和讨论有关科学性的论题，独立工作，对未知问题的挑战充满兴趣	知识、学习、成就、独立性	实验室工作人员、生物学家、化学家、心理学家、工程设计师、大学教授
R岛 实用型	用手、工具、机器制造或修理东西。愿意从事实务性的工作、体力活动，喜欢户外活动或操作机器，不喜欢在办公室工作	具体实际的事物，诚实、有常识	园艺师、木匠、汽车修理工、工程师、军官、外科医生、足球教练员
S岛 社会型	喜欢与人合作，热情，关心他人的幸福，愿意帮助别人成长或解决困难，为他人提供服务	服务社会与他人，公正、理解、平等、有理想	教师、社会工作者、心理咨询师、护士

(四)活动总结

每个人都有自己的兴趣爱好，喜欢做什么，不喜欢做什么。如果我们能清楚地知道自己的兴趣，在对自己的生涯进行规划时，充分考虑自己的兴趣，那么将来我们的生涯可能就会发展得更好。

主题活动二： 气质类型与特点

(一)活动目的

本活动基于气质类型测试，引导学生通过他人评价认识自己的气质特点，分析自己的气质类型及特点，初步了解适合自己气质的职业类型。

课前让学生完成气质类型量表的测试，测试结果在课堂上反馈给学生。

(二)活动内容

1. 自主学习

四人为一组了解气质类型的特点，如表 8-2 所示，之后向他人介绍自己所学的气质类型的特点。

表 8-2 四种气质类型特点

类型	典型特征	主要表现	男性特征	女性特征
胆汁质(兴奋型)	感受性低，耐受性、敏捷性、可塑性均较强；反应速度快但不灵活；兴奋比抑制占优势；外倾性明显	直率热情，精力旺盛，脾气急躁，心境变化剧烈，易感情用事，思维敏捷，反应迅速，但准确性差；情感外露，但持续时间不长	敏捷、热情、坚毅，情绪反应强烈而难以自制	热情肯干、积极主动、思维敏捷、精力充沛，但易感情用事，不善于通过思考来克服各种困难和障碍

续表

类型	典型特征	主要表现	男性特征	女性特征
多血质（活泼型）	感受性、耐受性高，情绪兴奋性、可塑性都很高；不随意反应性强；反应速度快而灵活	活泼好动，善于交际，容易接受新事物；思维敏捷；情绪情感容易产生也容易变化和消失，容易外露；情绪变化多样；体验不深刻；注意力容易分散，做事往往缺乏持久性等	敏捷好动、适应能力强、工作热情旺盛、效率高；轻率、不甘寂寞、不愿从事平凡与细致的工作	具有活泼、开朗、热情、富有朝气等特点；较任性、易轻浮，对困难的坚持性和承受性较差
黏液质（安静型）	耐受性高，感受性、敏捷性、兴奋性均较低；不随意反应性低；外部表现少；情绪具有稳定性；反应速度慢且不灵活	稳重，考虑问题全面；安静，沉默，善于克制自己；善于忍耐，情绪不易外露；注意力稳定而不容易转移，外部动作少而缓慢；不易接受新鲜事物，不能迅速地适应环境的变化	态度稳重、善于忍耐、恪守纪律、脚踏实地，但行为易于机械、呆板，易产生惰性	善于克制、冷静沉稳、埋头苦干，但易执拗、固执、冷淡、因循守旧
抑郁质（忧郁型）	感受性强，耐受性、敏感性、兴奋性和可塑性均较弱；严重内倾，情绪兴奋性高且体验深；反应慢且不灵活	行为孤僻、不太合群、观察细致、非常敏感、表情腼腆、多愁善感、行动迟缓、优柔寡断；情感细腻、隐晦，不易外露；善于觉察到别人不易发觉的细小事物；不善交际，尤其不愿同陌生人交际；在新的环境和情况下惶恐不安，过度紧张，不能很快地融入新环境	行为孤僻、反应迟缓、处事谨慎、态度平稳坚定，情绪深刻持久，体验方式少，说话慢吞吞的，易惊慌失措	腼腆羞涩、情感细腻脆弱、多愁善感、怯懦、柔弱、多疑多虑、耐受性差、易疲劳

2. 同学互评

每个人请 10 名同学（5 名男同学、5 名女同学）写出对自己气质特点的描述。

<u>　　　　</u>(姓名)的气质特点

(1)_____（男）　(2)_____（女）

(3)_____（男）　(4)_____（女）

(5)_____（男）　(6)_____（女）

(7)_____（男）　(8)_____（女）

(9)_____（男）　(10)_____（女）

3. 反思总结

根据课前的气质测试结果、前面学习的内容以及同学对你的气质特点的描述，总结并写出自己的气质特点。

例如，我的气质类型是：<u>黏液质和抑郁质的混合</u>

我的气质特点是：

<u>善于忍耐　　脚踏实地　　细心认真　　多愁善感　　优柔寡</u>

<u>断　　热情阳光</u>（要求至少写 6 个，积极的和消极的都写）

4. 阅读思考

阅读气质与职业之间关系的相关资料，了解并思考适合自己的气质特点的职业。

(1)胆汁质与职业选择。胆汁质的基本特征是情绪兴奋性高，易冲动。在择业时，主动性强，具有竞争意识，通常适合竞争激烈、冒险性和风险性强的职业或社会服务型的职业。胆汁质的人对自己的本职工作不那么专注，所以这种气质类型的人应该先从事踏实而平凡的工作，积累更多的经验。胆汁质的人适合成为：管理者、外交家、驾驶员、服装纺织行业者、餐饮服务业者、医生、律师、运动员、冒险家、新闻记者、演员、军人、公安干警、记者、UI 设计师、实业家、外勤工作人员、业务员、营销员等。

（2）多血质与职业选择。多血质的主要特征是敏感，反应快，兴趣与情绪易转换。在择业时，积极主动，热情大方，善于推销自己，适应性强，很受用人单位欢迎。这种气质类型的人通常适合交际方面的职业，如记者、律师、公关人员、秘书、艺术工作者、心理咨询师、导游、推销员、节目主持人、演讲者、外事接待人员、演员、市场调查员、监督员等。

（3）黏液质与职业选择。黏液质的主要特征是安静，稳定，反应迟缓，沉默寡言，情绪不易外露，善于忍耐。在择业时，沉着冷静，确定目标后，具有执着追求、坚持不懈的韧性，从而弥补了其他的不足。黏液质的人适合成为：图书管理员、情报翻译者、营业员、外科医生、法官、管理人员、出纳员、会计、播音员、话务员、调解员、教师、人力资源管理师等。

（4）抑郁质与职业选择。抑郁质的典型特征是情绪体验深刻，孤僻，感受性强，敏感，细致。在择业时，思虑周密，有步骤，有计划，一般较适合从事理论研究工作等。抑郁质的人积极认真、努力向上、毫不懈怠，归属于团体的意识强烈，富有协调精神，作为公务员而成功的很多。抑郁质的人希望世界安定、和平，这种气质特征很好地为他们从事公务员的职业开辟了道路。由于抑郁质的人在研究部门、技术部门等职业领域适应性强，因此，在他们当中，在这些领域工作的人特别多。抑郁质的人在管理方面的适应性也极高，所以，他们往往多从事管理工作。他们一丝不苟，责任感强。他们慎重、工作细致，是理想主义者。

抑郁质的人有思考力、协调性，因此在会计、一般事务等方面的适应性也比较强。在经理关系方面，他们适合承担记账等资金事务工作。在总务关系方面，他们适合处理股份和法律事务的文书、后勤等的总务科工作。在人事劳务关系方面，他们适合承担组织管理和工资管理、教育训练、工作和雇主问题等方面的工作。抑郁质的人适合的职业有：校对、打字、排版、检查员、雕刻工作、刺绣工作、保管员、机要秘书、艺术工作者、哲学家、科学家等。

（三）活动总结

每个人的气质特点都是独一无二的，我们要全方面地了解自己的气质特点，知道自己气质中积极的一面、消极的一面。特别是在生涯规划和选择职业时，要考虑自己的气质类型，尽量发挥出气质特点中积极的一面，避免消极的一面。

主题活动三： 价值大拍卖

（一）活动目的

本活动通过拍卖的形式，让学生竞拍职业价值观，通过团体活动和讨论分享，最终让学生了解自己的职业价值观，引导学生树立正确的职业价值观。

（二）活动准备

活动前准备 10 张小卡片（每张小卡片代表 500 个积分）、写有 15 个"价值"的硬纸板（将拍卖的东西事先打印出来贴在硬纸板上）、拍卖槌。

(三)活动过程

1. 情境导入

通过观看拍卖视频，让学生直观地了解拍卖的过程，并从中引出价值大拍卖的主题活动。

2. 活动规则

向学生呈现拍卖活动的规则并讲解。

(1)每人都有 5000 个积分(10 张小卡片)，它代表了一生的时间和精力。

(2)在拍卖中，每件物品的底价都是 500，每次加价 500，出价高者得到相应物品。

(3)有效利用手中的 5000 个积分，尽可能买到你想要的物品。

(4)每件物品叫价经三次确认后，由喊价最高者获得。递升到 5000 个积分的直接获得拍卖品。

(5)请慎重思考，并列出购买的优先顺序和预算的价格以及相关的拍卖策略。

(6)呈现拍卖物品清单：为大众福利尽一份力；追求美感与艺术气氛；寻求创意，创造新事物；独立思考，分析事理；有成就感；独立自主；受他人推崇和尊敬；发挥督导或管理他人的能力；有丰厚的收入；生活安定、有保障；有良好、舒适的工作环境；与领导同事平等且融洽相处；与志同道合的伙伴一起工作；能选择自己喜爱的生活方式；工作富有变化，不单调。

3. 正式拍卖

请三名同学分别扮演拍卖官、记录员和助手。拍卖官负责整个拍卖流程，控制现场纪律。记录员负责记录谁拍了什么物品，花了多少积分。助手负责收拍卖得到的积分以及把拍卖物交给所得者。

4. 思考分析

(1)你是否买到了自己认为最重要的职业价值观项目？

(2)买到自己认为最重要的项目时的心情如何？

(3)如果没有买到自己认为最重要的项目，是何原因导致的？

(4)没有买到自己认为最重要的项目时的心情如何？

(5)你最想买的项目是什么？为什么它对你而言很重要？

(6)有些人什么都没有买到，为什么？

(7)在参与拍卖活动时，你的心态如何？

5. 小组讨论

(1)通过这个活动，你对自己的职业价值观有什么样的了解？

(2)你的职业价值观会对你的职业选择和人生产生什么样的影响？

(3)其他人的职业价值观会对你的生活造成什么样的影响？

(四)活动总结

人各有志。每个人在为自己做职业生涯规划之前，一定要清楚和明确自己的价值观与职业价值观。希望今天的活动能让大家初步了解自己对未来的职业期望、最看重的是什么，从而引导自己努力去追求自己想要的及看重的。

⚙ 拓展延伸

舒伯的职业价值观简介

每个人在学业与职业上，都有各自不同的价值追求，舒伯总结了 15 种普遍的职业价值观，代表着不同群体在工作中重视和追求的 15 个方面。

利他助人——让你能为了他人的福利而做贡献的职业，有社会服务方面的兴趣。

美的追求——使你能够制作美丽的物品并将美带给全世界的职业。

创造性——能使你发明新事物、设计新产品或产生新思想的工作。

智性激发——能让你独立思考、了解事物怎样运行和起作用的工作。

成就感——能让你有一种完成好工作的成就感。重视成就感的人喜欢能给人现实可见的结果的工作。

独立性——能让你以自己的方式去做事，节奏或快或慢随你所愿的工作。

声望地位——让你在别人的眼里有地位、受尊敬、能引发敬意的工作。

管理权力——允许你计划并给别人安排任务的工作。

经济报酬——报酬高，使你能拥有想要的事物的工作。

安全感——不太可能失业，即使在经济困难的时候也有工作。

工作环境——在宜人的环境里工作（不太冷也不太热、不吵闹也不脏乱），环境或工作的物质条件对于某些工作者来说是很重要的，他们对相应的工作条件比对工作本身更加感兴趣。

上司关系——在一个公平且能融洽相处的管理者手下工作，与老板相处融洽。

同事关系——能与你喜欢的人接触并共事。对于某些人来说，工作中的社交生活比工作本身重要得多。

生活方式——工作能让你按照自己所选择的方式生活并成为自己所希望成为的人。

多样变化——在同一份工作中有机会尝试不同种类的技能。

课后任务

根据前面的测试以及自我的探索等，大致确定自己喜欢的职业类型，了解喜欢的职业类型对大学所学专业的要求，了解一所大学的相关专业。填写下面的内容。

我喜欢的职业是＿＿＿＿＿＿＿＿＿＿＿＿＿＿＿＿＿＿＿
＿＿＿＿＿（如教师）。

我未来会选什么专业＿＿＿＿＿＿＿＿＿＿＿＿＿＿＿＿
＿＿＿＿＿（如数学）。

我喜欢的大学是＿＿＿＿＿＿＿＿＿＿＿＿＿＿＿＿＿＿＿
（如广州大学）。

我现在需要做什么准备＿＿＿＿＿＿＿＿＿＿＿＿＿＿＿＿
＿＿＿＿＿＿＿。

第九课

情绪感知，情绪理解

🔍 问题导入

我们每个人都希望能够控制自己的情绪，正确地调节自己的情绪，而感知和理解情绪就是基础，只有正确地感知和理解自己与他人的情绪，才能使我们的情绪服务于自己的生活，而我们不至于被情绪牵着鼻子走。心理学家约翰·梅耶和彼得·萨洛维提出的情商概念就包括正确地感知和理解自己与他人的情绪，情绪的感知和理解能力是提高情商的重要条件。

想一想：如何感知和理解情绪？

🔗 知识导航

一、情绪感知/情绪理解的概念与影响因素

情绪，是一系列主观认知经验的统称，是多种感觉、思想和行为综合产生的心理与生理状态。最普遍、通俗的情绪有喜、怒、哀、惊、恐、爱等，也有一些细腻微妙的情绪，如嫉妒、惭愧、羞耻、自豪等。

人的情绪有天生也有后天控制的成分，即与生俱来的"基本

情绪"和后天学习到的"复杂情绪"。基本情绪和人类原始生存状态息息相关，复杂情绪必须经过人与人之间的交流才能学习到，因此每个人所拥有的复杂情绪数量不一样。情绪常和心情、性格、脾气、目的等因素互相作用，受到激素和神经递质的影响。

(一)感知

感知是客观事物通过感觉器官在人脑中的直接反映。感知能力则是通过感觉器官感觉肉眼无法直接观察的物体。例如，我们可以用手或者身体其他部位去感知黑暗中的物体；我们无法直接触摸远处的物体，却可以用眼睛来感知它的存在；我们可以用耳朵来感知声音，如音乐等。

(二)情绪感知

个人对自己或他人的基本情况(如年龄、性别等)和情感世界(如状态、变化)的了解与感知能力。它是一种理性认识能力，属于非智力因素，是情绪智力的基本内涵之一。

(三)情绪理解

个人理解情绪的原因和结果，以及应用这些信息产生合适的情绪反应的能力，是情绪智力的一个成分，为情绪交流和社会关系建立提供基础，是个体发展和社会适应的反映指标。

(四)影响正确感知他人情绪的因素

1.来自交际对象方面的因素

在人际交往中，对他人情绪的感知常常受到交际对象的影响，如交际对象的仪表等。假如你在参加重要的活动时衣衫不整、不修边幅，可能会让对方感到不悦或认为你不够尊重他；假如你穿着得体、衣服笔挺，对方可能就会因感到受重视而心情愉悦。

2.来自交际环境方面的因素

感知他人情绪也容易受到交际环境的影响。这其中既有自然环境的影响(如噪声、光线、天气等)，也有社会文化环境方面的因素(如不同的文化背景)；既有发生背景(如交往是出于功利性的还是友谊性的)的制约，又有情境(如公众场合或私人场所)的作用。

3. 来自交际主体方面的因素

感知他人情绪还可能会受到交际主体的影响。交际主体的心理活动包括认知、情感、意志三个层次，因而来自主体方面的因素可分为认知因素、情感因素和意志因素。

二、感知、理解他人情绪的基本途径

(一)面部表情的解读

美国哲学家、散文家和诗人爱默生曾说，人的眼睛和舌头所说的话一样多，不需要词典，却能够从眼睛的语言中了解整个世界。

1. 眼睛

眼睛被誉为"心灵的窗户"，是透露人的内心世界的最有效途径，人的一切情绪、情感和态度的变化都可以从眼睛中显示出来。人可以对自己的某些外显行为做到随意控制，可以在某些环境中做到口是心非，却无法对自己的目光做到有效的控制。因此，我们可以从一个人的目光中看出其内心的真实状态。

2. 脸部

相对于眼睛而言，脸部是更容易辨别对方心情、态度的线索。脸部表情是一个人内心状态的"晴雨表"，是一个人情绪、态度的外在表现；一切没有经过掩藏的肯定与否定、积极与消极、接纳与拒绝等情感都会写在脸上。

(二)体态表情的解读

在交往中，人们的身体动作和姿势很容易引起别人的注意，不同的身体动作和姿势必然反映不同的情感体验与心理状态。因此，在感知他人情绪时，如果我们注意把面部表情与体态表情统一起来观察，就能够准确地判断对方的情绪状态。

(三)言语表情的解读

言语表情的重要性并不低于面部表情和体态表情，心理学实验证实，让人判断以不同情绪的腔调念出英文字母的录音时，对其判断的准确性几乎和辨别面部表情时一样高。言语中语音的高低、强弱等也是表达说话者情绪的手段。在现实生活中，我们往往可以通过人们的声音来判断其情绪。

三、情商

(一)情商的含义

情商通常是指情绪商数（emotional quotient，EQ），主要是指人在情绪、意志、耐受挫折等方面的品质。总的来讲，人与人之间的情商并无明显的先天差别，更多与后天的培养息息相关。提高情商是把不能控制的情绪部分变为可以控制的情绪部分，从而增强理解他人及提高与他人相处的能力。

(二)情商的重要性

在竞争日益激烈的今天，没有较高的 EQ 是难以获得成功的，EQ 会影响智商（intelligence quotient，IQ）的发挥。EQ 高的人，总是能得到众多人的拥护和支持，人们都较喜欢同他交往。同时，人际关系也是人生的重要资源，良好的人际关系往往有助于人们获得更多的成功机会。

(三)情商的培养提高

1. 形成过程

EQ 形成于婴幼儿时期，成型于儿童和青少年阶段，它主要是在后天的人际互动中培养起来的。提升 EQ 最快捷、最有效的方法是心理训练。

2. 提高过程

弘扬个性、发展能力是素质教育的目标，这一切都源于心理素质的提高。为此开设青少年心理素质训练班，通过心理教育、心理训练开发学生的非智力因素，提高学生的自我心理觉察能力和认知水平，帮助学生学会控制情绪，改善不适当的情绪行为，提高情商水平，学会"做情绪的主人"，树立良好的价值观及人生观，增强心理适应能力，提高学习能力，以积极的心态应对各种压力和挑战，促进身心健康发展。

3. 提高方法

第一，不抱怨不批评。高情商的人一般不批评别人，不指责别人，不抱怨，不埋怨。其实，这些抱怨和指责都是不良情绪。高情商的人只会做有意义的事情，而不做没有意义的事情。想抱怨时，停一下先自问："我是想继续忍受看起来无法改变的情形呢，还是想改变它呢？"抱怨会消耗精力而又不会有任何结果，对问题的解决毫无用处。

第二，热情和激情。高情商的人对生活和学习保持热情，充满激情。知道调动自己的积极情绪，让好的情绪伴随每天的生活和学习，不让那些不良的情绪影响到生活和学习。

第三，包容和宽容。高情商的人宽容，心胸宽广，心有多大，眼界有多大，舞台就有多大。高情商的人不斤斤计较，有一颗包容和宽容的心。

第四，沟通与交流。高情商的人善于沟通与交流，并且以真诚、有礼貌的态度来对待他人。沟通与交流是一种技巧，需要学习，在实践中不断地摸索、总结。

第五，多赞美别人。高情商的人善于赞美别人，这种赞美是发自内心的、真诚的。能看到别人优点才会进步得更快，总是挑拣别人缺点的人故步自封，甚至还会退步。

第六，保持好心情。高情商的人每天保持好的心情，每天早上起来，送给自己一个微笑，鼓励自己，告诉自己是最棒的、最优秀的，并且周围的朋友都很喜欢自己。

第七，倾听的好习惯。高情商的人善于倾听，倾听别人说话，仔细听别人说什么，多听多看，而不是自己口若悬河。倾听是尊重他人的表现，倾听是良好沟通的前提，倾听是人与人之间最好的沟通方式。

第八，有责任心。高情商的人敢做、敢承担，不推卸责任，遇到问题分析问题、解决问题，能正视自己的优点和不足。

第九，每天进步一点点。高情商的人每天进步一点点，说到做到，立刻行动。不是光说不做，行动力是成功的保证。每天进步一点点，朋友们也更加愿意帮助这样的人。

第十，记住别人的名字。高情商的人善于记住别人的名字，记住了别人的名字，别人也会更加愿意亲近你，和你做朋友。

主题活动

主题活动一： 认识自己的情绪

（一）活动目标

（1）认知目标：了解情绪的表现及情绪对身心健康的影响，清楚地知道情绪产生的原因。

（2）能力目标：能觉察和分析自己的情绪，认识到情绪对自身的影响，能应用有效的方法控制自己的情绪，并对消极情绪进行自我调适。

(3)情感目标：重视情绪的调控，保持良好的情绪。

(二)活动过程

1. 走进生活，明辨事理

通过剖析、讨论、思考发生在身边的事例，明辨不同情绪，认识积极情绪和消极情绪对身心带来的影响。

炎炎夏日，打完篮球赛的你回到教室，口干舌燥，当看到自己带来的整瓶矿泉水只剩下半瓶时……

积极态度就是，"不错，还有半瓶水可以享用"，进而产生情绪——愉快满足。

消极态度就是，"倒霉，半瓶水怎么够喝"，进而产生情绪——气愤难受。

愤怒、悲伤、痛苦等不良情绪对身心健康是不利的，愉快、欢乐、满意、平静等良好情绪有利于身心健康。生活中任何能够产生情绪的场景都可能出现，我们要积极主动适应，对待事情的心态、态度不同，在内心产生的情绪就不同。

2. 体验生活，加深感悟

通过对情绪的初步认识，本环节设置三个活动，让学生初步体验日常生活中的各种情绪，并在课堂上进行整理和归类，在参与活动的同时提高语言表达能力。

体验活动 1：快乐猜猜猜

两个学生为一组，面对面站立，教师出示表情图片，一名学生按照图片做表情表演，让另一名学生猜，猜对的过关，猜不对的由两名学生同时做表情表演。

学生体验情绪，将情绪和情绪的外部表现一一对应。

体验活动 2：快乐大比拼

根据喜、怒、哀、乐、恐惧、痛苦等表情图片，用尽可能多的形容词来表达图片中的表情。

用语言来表达生活中的各种情绪，在弄清情绪的分类后，主动思考在面对不良情绪时，怎样找到解决办法。

体验活动 3：课堂练练练

中午在餐厅里打饭时，一名你不熟悉的同学不小心把菜汤泼在你的衣服上，根据以上情境，请你说出你会产生何种情绪以及产生情绪的原因。

主题活动二： 身体会说话

(一)活动目的

了解肢体语言，学习肢体语言所表达的信息。

(二)活动内容

1. 肢体语言的外在表现

肢体语言可以体现在人际距离上，我们对事物或个体的亲疏远近，体现了我们的偏好和倾向。两个人慢慢靠近，直到觉得不舒服时就停下，这就是安全距离。不同亲密程度的人际距离不同，亲密关系中的人际距离可以达到 0.5 m 之内，正常的朋友关系距离在 0.5～1.25 m，陌生人之间的距离在 3 m 以上。

2. 肢体语言的意义

肢体可以表达很多信息，在日常生活中我们怎样运用呢？想象自己不同的肢体动作或者生活中见到过的肢体动作，并与其他同学讨论这些肢体语言的意义。

⚙ 拓展延伸

情绪的产生和种类

一、情绪的产生

（一）性格态度

如果沟通双方的性格完全不同，或者对方的态度让人难以接受，很可能本来是一件很好的事情，也会让人产生消极情绪。

（二）环境刺激

环境会影响人的心情。例如，当你需要安静的时候，周围的环境很嘈杂可能会让你感到烦躁；或者当你着急赶路的时候，路中间总是出现很多阻碍也可能让会你感到不悦与烦躁。

（三）认知方式

情绪的产生与人的认知方式息息相关，不同的人因为对同一件事情的认知不同，有可能会产生不同的情绪体验。

二、情绪的种类

情绪有很多种，主要分为积极情绪和消极情绪。情绪虽无好坏之分，但由情绪引发的行为则有好坏之分，行为的后果也有好坏之分。因此，情绪管理并非消灭情绪，而是疏导情绪并合理化之后的信念与行为。

（一）积极情绪

积极情绪包括开心、自豪、热情、快乐、放松、喜悦等，是指对有机体起振奋作用，对人体的生命活动发挥积极作用的一种情绪，它能为人们的神经系统增添新的力量，能充分发挥有机体的潜能，提高脑力和体力劳动的效率与耐久力。积极情绪往往由责任感、事业心、期望、奋斗目标、荣誉感等刺激而产生。

（二）消极情绪

消极情绪包括忧愁、悲伤、愤怒、紧张、焦虑、痛苦、恐惧、憎恨等，是指在某种具体行为中，由外因或者内因影响而产生的不利于你继续完成工作或者正常思考的情感，与积极情绪相对。

课后任务

想一想最近一周你都有过哪些情绪？分析一下它们是因何产生的。

第十课

情绪表达，自我调适

🔍 问题导入

在成长的过程中，人们如果有了负面情绪，会很自然地以本能攻击的方式进行表达。父母和老师不允许孩子采取攻击的方式表达情绪，在抑制孩子情绪表达方式时，可能会让孩子认为人似乎不应该有负面情绪。于是，有的人一旦出现负面情绪就会采取压抑的方式，不敢把情绪表现出来，表面上看起来似乎已经没有了情绪，但是一旦情绪接近爆发点，就可能因为无法控制而采用极端的方式表现和发泄其情绪，造成不可磨灭的伤害和痛苦。因此，学会表达情绪是一项必备的情绪处理技能。

想一想：如何表达情绪，调适消极情绪？

🔗 知识导航

一、情绪表达的含义和意义

(一)情绪表达

情绪表达指的是人们用来表现情绪的各种方式，其功能就是疏解情绪。值得注意的是，情绪表达应该运用符合社会规范的方式，以不伤害自己和他人为前提。否则，疏解了原来的负面情绪，却又因为不符合社会规范而遭受责备，进而产生更多新的负面情绪，还有可能使情绪更糟糕。因此，学习符合规范的调适情绪的方式，是人类在社会化过程中需要逐渐掌握的能力。

(二)情绪表达的意义

1. 表达情绪的过程，能帮助我们了解自己

正确地表达情绪能帮助我们加深自我了解，是在做深度表达之前自我审视与梳理的过程。我们在表达情绪的过程中，可以不断地问自己："我现在的情绪是什么?""是什么"是我们能真实、直接地感受到的部分，并且在不断地自我追问中，发掘出内心更丰富的层次和内涵，加深我们对自己的觉察。而且，当我们试着用长句深度地阐释自己的感受时，我们会将过去引起情绪的情境，与当下自己的情绪联系起来，审视过去与现在的关系。比如，我们会说："我现在觉得……因为我之前……"越是练习深度表达，就越可能有逻辑地自我分析，从而做出冷静的、富有逻辑的决定，而不会因一时脑热而胡乱地做出决定。

2. 表达情绪才能和他人建立良好的联结

表达情绪对于自己与他人建立良好的联结至关重要。如今人们越来越感到孤独。孤独并非由于缺乏陪伴，而在于没有获得满意的联结。获得满意联结的条件之一，是拥有情感上的亲密感。当你感到对方懂你的感受、认可你的情绪时，你会感到对方与你更加亲近。许多人的孤独感来源于他们对情绪的隐藏，回避表达情感，也就错失了让他人了解自己的情绪的机会。久而久之，不表达情绪的人会感到没有人理解他们内心深处真实的自己，却没有意识到是他们的自我封闭切断了他人了解自己情绪的途径。对他人暴露情绪可能会有风险，如果想要摆脱孤独，想要和他人建立良好的联结，就需要勇敢地承担情绪风险并迈出这一步。

3.表达情绪可以缓解心理压力

表达出内心的情绪可以缓解压力，让你感到更放松。当你试图掩盖自己的情绪，把它变成秘密时，你会对于别人是否发现自己的秘密而感到焦虑，并且时常保持一种警觉，反复检查自己是否会露出蛛丝马迹。特别是当你想掩盖一种负面情绪时，不断地自我检查只会让你更加关注自己的负面情绪，更长时间地沉浸在负面情绪中。

二、合理表达情绪的途径

(一)真实地表达情绪

适当的情绪表达并不意味着一味地忍让，而是合理、真实地表达情绪。在现实生活中，你常常会碰到一些不尽如人意的事情，譬如，有的同学想让你给他干跑腿的活，而你却因不好意思拒绝而隐藏自己的情绪并答应他。对于类似的情况，很多人感到缺乏表达自己真实情绪的力量，怕表达出来后会让对方不高兴。这种对自己情绪的压抑是一种不适当的情绪表达，不利于自己的身心健康。朋友之间互相帮忙是应该的，如果对方提出的请求合理，而你又可以为对方做到，这时你应当对朋友伸出援助之手；但是如果你实在爱莫能助，那么也要学会巧妙地拒绝，尤其是那些勉为其难的事情，直截了当地拒绝可能会伤害别人的自尊心，你可以先肯定对方的想法然后再拒绝。但是如果你觉得对方的要求非常无理时，就应当学会直截了当地说"不"。

(二)合理要求，不道歉

如果遇到不公正待遇，你应当据理力争来捍卫自己的正当权益，并且不需要表达歉意。如果在提出自己合理要求的同时还表示歉意，别人会认为你有内疚感而使你失去应有的威严。

（三）采取积极的暗示行为

有时候碍于情面而不好意思直接拒绝他人，但自己又因此而感到委屈和矛盾时，可以采取积极暗示对方的做法，让对方心领神会但又不觉得面子受伤害。比如，你正要出门去看电影，这时来了个好朋友约你去和他逛街，你不妨掏出电影票，客气地邀请他一同看电影。这样，对方可能会明白自己干扰了你的行动计划，主动地表示歉意了。

（四）事先表明态度

事先表明态度让对方了解你的想法，这样可以避免尴尬的局面。如果在某个聚会的场合中有让你自己感到尴尬的事情，如同学让你喝酒庆祝，而你很不愿意，那么不妨先发制人，事先表明："我很高兴参加大伙的聚会，可是我真不愿意喝酒。"这一招通常是非常灵验的。

（五）必要时进行有力回击

当遇到他人侵犯你的时候，尽管你已经无数次地表达了自己的不快和愤怒，但对方很可能还是我行我素。如果你一再仁慈地能忍则忍，那么最终吃亏的还是你自己。这时你应该让自己的内心坚强起来，必要时给予对方一些坚决的回击，这样才能保护自己的自尊和权益，以免再受伤害。

（六）了解表情规则

适当的情绪表达应当是符合表情规则的。也就是说，该哭的时候就哭，该笑的时候就笑。如果你在悲痛的时候拼命压抑自己的情绪不让其爆发，或在遇到伤心的事情时独自闷闷不乐，长此以往，异常的情绪表达会使你身心疲惫。

常见的表情规则有三种类型。第一种是"缩减"，即将表情的展示降到最低限度。例如，你在坐公交车时，因为听到了一个意外的消息而难以抑制内心的激动，但需要保持公共秩序，你不得不为了顾全大局而刻意隐藏表情，也没有大喊出来。第二种是"夸张"，即将某种情绪有意地突出放大，以让自己获益。比如，当你发现你的手机被小偷偷走了，你可以放大表情和情绪，向周围的人求救。第三种是"替代"，如果你的某种情绪可能会伤害别人，那么你可以掩藏起来并转换成另一种对方能够接受的情绪。例如，同学在你生日时送给你一件礼物，但你并不是很喜欢，你也应该微笑着接受礼物并表示感谢，否则对方会因此而失落或不开心。

(七)身体语言的控制技巧

除了面部表情以外，手势和身体语言都会向他人传达你的情绪。研究表明，大部分的身体语言都在无意识地反映个人的内在情绪。因此，有时候有意识地控制自己的身体语言是必要的。也许你也有过类似的经验，当你对别人的话题并不感兴趣时，你会情不自禁地做出一些小动作，如不断打哈欠、不停地看手表或四处张望，它们可能会引起别人的注意，伤害别人的自尊心。为此，你不得不做出一些掩饰的动作，如跟人说话时不停地点头微笑，表示你在关注对方谈话的内容。这些掩饰的动作并不是虚伪的表现，而是为了维持你和对方的良好关系。

三、情绪表达规则

(一)什么是情绪表达规则？

埃克曼等人认为，情绪表达规则是个体在社会化过程中习得的，用于指导在特定社会情境下表现社会期望情绪的规则，规定个体在什么情境下应该对什么人表现出什么样的情绪，而不管个体内心真正的情绪状态如何。该定义侧重内部情绪体验与外部情绪表现的不一致，重视情绪表现的行为水平。情绪表达规则调节外部情绪表现的四种基本方式有：减弱真实情感的表现；夸大情绪的表现；表现看似自然或中性的表情；表现完全不同于真实情绪的表情。它是在特定社会文化背景下长期以来约定俗成的，相对于个体而言，是客观存在于外界的社会性规则。

(二)情绪表达规则的影响因素

1. 情绪表达规则发展的年龄和性别因素

情绪表达规则的发展有年龄和性别差异。萨莉用自然实验法研究发现，11岁儿童比7～9岁儿童调节外部情绪表现的能力更强，认知水平更高，而且小学阶段的儿童在面对成人生气时，更多应用情绪表达规则。女孩比男孩更擅长调节情绪表达，这种差异在他们年龄较小时尤其明显。

2. 情绪表达规则与家庭环境因素

家庭主导的情绪气氛是青少年情绪表达规则发展的主要外部环境，它对青少年情绪表达规则发展的影响主要表现在以下四个方面。

第一，对青少年日常情绪倾向的影响。家庭中积极的情绪环境有助于青少年获得更多的支持，表现出更多的积极情绪；反之，消极的情绪环境则与青少年较少的支持和较少的积极情绪相关。

第二，对青少年情绪调控能力的影响。积极的情绪环境使青少年保持积极情绪表现的时间更长。

第三，对青少年应用情绪表达规则的社会目标的影响不同。有研究指出，积极的家庭情绪环境与青少年使用情绪表达规则的亲社会目标呈正相关；而消极或生气占主导的家庭情绪环境与青少年使用情绪表达规则的自我保护目标呈正相关。

第四，对青少年情绪健康发展的影响。研究发现，如果母亲有情绪问题（焦虑、抑郁），那么她的孩子在以后的社会学习任务中表现出更多的消极情绪和更少的积极情绪，而且青少年在情绪调节和控制方面表现出更多的不足，长此以往，该母亲有可能把孩子置于情绪失调或情绪紊乱的危险中。

3. 情绪表达规则与社会能力因素

个体情绪表达规则的发展是社会适应的基础。因此，它与社会能力之间的关系是显而易见的。情绪表达规则的发展是一把"双刃剑"，它可以建立、保持个体与外部环境（人际关系）或者与自身内部（心理健康）的和谐关系，但也可能瓦解、破坏这种关系，具体表现在以下两个方面。

首先，对情绪情境的认知和评价。拥有较多情绪表达规则的个体，同伴和老师也认为他们的社会能力更强，因为他们更多地考虑他人的情绪，对情绪情境的评价更积极。此外，他们的认知、情绪体验与情绪表现是较一致的。

其次，情绪冲突情境的应对策略。在消极情绪情境或冲突情境下，情绪应对策略与其社会能力水平相关，情绪冲突情境的应对策略越有效，其社会能力越高。

主题活动

主题活动一： 做情绪的主人

(一)活动目的

情绪是人的心理活动，它与个体的学习、工作和生活等方面息息相关。积极、向上、快乐的情绪有益于个体的身心健康和智力发展；相反，不良的情绪会影响个体的身心健康，抑制个体智力的发展和正常水平的发挥。随着生理的逐渐成熟，青少年的情绪发展具有较大的不稳定性和易变性，情绪波动比较大。他们由于年龄、生活阅历的局限性，往往无法正确认识及正确把握自身情绪的变化。对情绪问题的认识存在盲区，导致他们不能恰当地处理消极情绪，进而对学习、生活产生负面影响。因此，引导学生根据自己情绪变化的特点，合理宣泄不良情绪，学会主动调适情绪，保持积极良好的情绪状态是当务之急。

（二）活动内容

1. 热身活动： 右手抓左手小游戏

游戏规则：学生围成一个圈，双手向身体两侧展开，把右手张开手心朝下，左手食指朝上，将自己的右手放在右边同学左手食指上，将自己的左手食指放在左侧同学的右手下。听老师口令，当老师喊个位数是 7 的数字时，学生要抓住右侧同学的手指，并想办法使自己的左手手指逃离左侧同学右手的抓握；如果喊的数字个位数不是 7，则保持不动。

提问：做完这个游戏后，大家的心情怎么样？

总结：刚才在游戏过程中大家都有各种各样的感受，如兴奋、紧张、高兴、激动，这些感受在我们生活中都可以被称为情绪。情绪随时伴随着我们，我们是想做情绪的奴隶，还是想做情绪的主人呢？要想拥有一个良好的情绪状态，我们必须学会控制自己的情绪。今天这节课让我们一起学习做情绪的主人。下面我们来进入今天的第二关：你说我演。

2. 你说我演： 认识情绪的基本类型

用幻灯片出示描述不同心情的四字成语，让学生根据其意思做动作。从而引出情绪的基本类型：喜、怒、哀、惧。

人类具有四种基本情绪：喜、怒、哀、惧，这四种简单的情绪可以组合成多种多样的复杂情绪，并时刻影响着我们。在这些众多情绪中，我们又可以把它们分成两大类：良好情绪和不良情绪。当拥有良好情绪的时候，我们要继续保持。但是当我们产生不良情绪时，应该怎么办呢？接下来一起来认识不良情绪。

3. **讨论案例**

(1)钉钉子和拔钉子的故事。

(2)北京野生动物园老虎伤人事件。

(3)青少年愤怒打伤他人，造成严重后果。

4. **介绍方法**

小组讨论：调节不良情绪的方法

(1)转移注意法。转移注意法就是把注意力从引起不良情绪的事情转移到其他事情上，这样就可以使人从不良情绪中解脱出来，从而激发积极、愉快的情绪反应。我们可以通过打球、听音乐、看电影、读书等有意义的活动，从不良情绪中解脱出来。

(2)合理发泄法。合理发泄情绪是指在适当的场合，用适当的方法来排解心中的不良情绪。发泄可以防止不良情绪对人体的危害，主要方式有：哭、喊、倾诉、运动。

(3)自我激励法。我们能够设想和相信什么，就能够用积极的心态去获得什么；我们把自己想象成什么样的人，就会真的成为什么样的人。激励要用正面积极的语言，而不用负面消极的语言。因为前者在我们的大脑中种下的是成功的种子，我们的潜意识会引导我们通往成功，而后者种下的是失败的种子，我们的潜意识会引导我们通往失败。

（4）意志控制法。保持安静，不做肢体动作。深吸气，让情绪平静下来。如果我们觉得自己无法控制脾气，就可以转换注意力或暂时离开。

（5）其他方法：自我暗示法、活动转移法、交往调节法、理智调适法、情绪升华法等。

主题活动二： 情绪表达

（一）活动目的
了解情绪的表达方式，学会调节不良情绪。

（二）活动过程
1. 了解不同情绪的身体语言

高兴：笑、手舞足蹈和分享快乐等。

生气：眉头紧皱、噘起嘴巴、握紧拳头、锤头、跺脚、摔东西、大声吼叫、哭、不理别人、叹气等。

难过：眉头紧锁、低头不说话、哭、叹气等。

害怕：全身发抖、冒汗，双眼紧闭、想上厕所、说话结巴、躲在角落、哭、整夜开灯等。

在生活中我们有很多表达情绪的方式。在这些表达方式中，哪些更合适呢？

2. 讨论不同情绪的合理表达方式

请根据以下标准讨论不同的情绪表达方式：第一，有利于身心健康；第二，尊重他人；第三，遵守规则。回想自己的不同情绪的表达方式，符合以上标准的有哪些呢？不符合的又有哪些呢？

3. 在不同情境下选择用合适的方式表达情绪

每一种情绪都有很多表达方式，但是这些表达方式在所有的场合下都可以使用吗？我们来看看以下情境。

李明的学习成绩一向很好，但他这次没考好，为此感到很难过。回到家以后，他一个人躲在卧室里，无论妈妈怎么敲门都没有用。之后他不愿意上学，在老师家访时也不愿意跟老师沟通，同学找他一起上学也被他拒绝了。

你觉得李明的行为合适吗？李明可以怎样做呢？我们在不同的场合下要学会选择用合适的方式表达情绪。

(三)活动总结

表达情绪的方式有很多种，我们要学会在不同的场合选择不同的方式合理地表达自己的情绪，这样我们才可以避免不恰当的情绪表达方式给自己带来的负面影响。

主题活动三： 情绪的管理

(一)活动目的

学会理性地管理、处理情绪。

(二)活动内容

1. 情绪表达要恰当

人的情绪会受到周围环境以及其他偶然因素的影响，当一个人的情绪变坏时，潜意识就会驱使他将不满向他人发泄。踢猫效应反映的就是坏情绪相互传染的一种现象。一大早，某公司老总因和老婆吵架，负气上班，到办公室后余怒未消。恰好业务主管要汇报工作，老总极不耐烦地说："这点事都解决不了，我要你们干吗？"结果，这名主管碰了一鼻子灰，悻悻地回到了自己的办公室。这时，主管手下的办公室主任有事要向他请示，主管也极不耐烦地说："这种事情还来找我解决？你们自己怎么不多动动脑子？自己想办法去！"

问题：老总—业务主管—办公室主任，在这三者中依次传递下来的是什么样的情绪？这种传递告诉我们什么道理？请你给案例中提到的三个人提出建议。

要求：三名学生模拟这三个角色，并进行即兴扮演，其他学生在观看过程中思考并在小组中分享交流，讨论并达成共识。

结论：在现代生活中，人与人之间的交往更加纷繁复杂，任何情绪上的问题都会通过接触传递给他人。在人际交往中保持一种良好的态度，会让生活和工作变得事半功倍。我们可以通过以上故事，认识到情绪会相互感染，会影响周围的人。一方面，即使没有语言的交流，一个人的表情、声调、姿态和动作所表达的情绪，会影响周围的人。另一方面，情绪的表达不仅与自己的身心健康有关，还关乎人际交往。

2. 情绪调节有方法

（1）改变认知评价。

有两个秀才一起去赶考，路上他们遇到了一支出殡的队伍。看到那口黑乎乎的棺材，其中一个秀才心里立即"咯噔"一下，心想："完了，真触霉头，赶考的日子居然碰到这样的事情。"于是，他心情一落千丈，走进考场，那个"黑乎乎的棺材"一直挥之不去，结果他文思枯竭，最终名落孙山。

另一个秀才也看到了棺材，一开始心里也"咯噔"了一下，但转念一想：棺材，那不就是有"官"又有"财"吗？好，好兆头，看来今天我要红运当头了，一定会高中。于是他心里十分兴奋，情绪高涨，走进考场，文思如泉涌，果然一举高中。两个秀才的事告诉我们什么道理？

在很多情况下，我们情绪不好不是由事情本身引起的，而是因为我们对事情的看法或态度不合理。

我们在面对同样的问题时，从不同的角度去思考，可以产生不同的态度与想法。以不同的态度与想法看问题，就会有不同的心情。我们经过理智的思考和分析，从多个角度看问题，我们的心情就会发生积极的变化。

(2)转移注意：如听音乐、散步等。

(3)合理宣泄法：如大哭一场、写日记、运动、找他人倾诉。

(4)放松训练：如练瑜伽、打太极、深呼吸等。

掌握一定的方法，有助于我们更好地调节情绪，成为情绪的主人。

3. **管理愤怒情绪的方法与技能**

(1)与信赖的长者交流。

(2)自我提醒。

(3)运用"我感到愤怒，是因为……"的表达方式。

(4)寻找一种适合自己排解愤怒情绪的活动形式。

(5)写一封信。

4. **安慰他人的方法和技能**

(1)为他人做些体贴的事。

(2)做一个耐心的听众。

(3)设身处地，向他人表示理解。

(4)帮助他人转移注意。

掌握调节情绪的方法，合理调节情绪对于我们十分重要。在生活中，我们要善于运用调节情绪的各种方法，合理地调节自己的情绪。

(三)活动总结

人有喜怒哀乐，但这并不意味着我们是情绪的奴隶，任它支配我们的行为。情绪是可以管理和调节的，我们要学会以恰当的方式来表达自己的情绪，学会运用正确的方法合理地调节自己的情绪，做情绪的主人。我们相信，只要我们以积极乐观的心态，正确面对各种情绪，激发青春的活力，我们的情感世界就会更加丰富而美好！

课后任务

通过本节课的学习，我们应该明白情绪表达的重要性，请根据情绪表达规则，在生活和人际交往中，改变压抑的情绪表达，用合理的方式向对方表达自己的情绪，观察对方的反应，并仔细地体会自己的感受，对比不同的情绪表达方式带来的不同效果。

以往的情绪表达方式及其带来的影响：＿＿＿＿＿＿＿＿＿

新的情绪表达方式及其带来的影响：＿＿＿＿＿＿＿＿＿

比较两种情绪表达方式带来的不同体验及优缺点：＿＿＿＿

＿＿＿＿＿＿＿＿＿＿＿＿＿＿＿＿＿＿＿＿＿＿＿＿＿＿＿＿

第十一课

控制情绪，利用情绪

🔍 **问题导入**

炎炎夏日，几只口渴的狐狸来到了一片葡萄园，葡萄架上挂着又大又紫的葡萄。狐狸们垂涎欲滴，竞相跃起。无奈葡萄架太高，即使狐狸们使出了浑身解数，葡萄对于它们来说仍然是可望而不可即的。

狐狸A在葡萄架下溜达了几圈，找不到可攀爬之处，环顾四周亦无梯子可用，便摇了摇头，说了一句："葡萄一定很酸！"然后它哼着小曲走开了。

狐狸B则嘲笑狐狸A说："吃不到葡萄就说葡萄酸，真是太没有出息了。"它高喊着："我要下定决心，吃不到葡萄誓不罢休。"于是它一下下跳个不停，最终因劳累过度，累瘫在了葡萄架下。

狐狸C跳了几下，没有够着葡萄便火冒三丈，大声地嚷嚷着："谁把葡萄架得这么高呀！诚心跟我过不去是吗，真是可恶！"葡萄园的主人听到了狐狸的骂声，严厉地教育了一番狐狸C，狐狸C因此更加生气，咬了一口葡萄园的主人就立刻逃走了。

狐狸D在尝试了多次后，闷闷不乐地离开葡萄架，整日唉声叹气，愁眉苦脸，开始整日怀疑自己的能力，之后一遇到困难就自我否定。

狐狸E在尝试跳了几次过后，发现很难够到葡萄，于是放弃摘葡萄，觉得就算吃不到葡萄也没关系，可以再寻找下一个食物。

....

上述寓言故事中的狐狸，在吃葡萄的需要未得到满足的情况下表现出不同的情绪体验，或平静，或愤怒，或忧郁……由此引发不同的结果。

想一想：同样的现象是否也会在我们身上发生呢？如果遇到需求得不到满足的情况，你觉得你的情绪和行为反应会更像哪只狐狸呢？

知识导航

美国心理学家霍尔认为，青年期处于由"蒙昧时代"向"文明时代"演化的过渡期，其特点是不稳定的、起伏的，他把这一时期称为"狂风暴雨"时期。中学生情绪的自我调节能力还不强，时常会受到消极情绪的困扰，所以掌握调节情绪的方法对于中学生来说是十分重要的。什么是情绪调节？为什么要调节情绪？我们怎样调节自己的情绪？

一、情绪调节

情绪调节是每个人管理和改变自己或他人情绪的过程。自我情绪调节属于情绪智商中"管理情绪"的部分。在这个过程中，我们可以应用一定的策略和机制，使情绪在生理活动、主观体验等方面发生一定的变化。

成功的情绪调节主要是管理情绪和行为，使之处在适度的水平，其中包括"削弱或去除正在进行的情绪，激活需要的情绪，掩盖或伪装一种情绪"等。可见，情绪调节既包括抑制、削弱和掩盖等过程，也包括维持和增强的过程。尽管有时候情绪调节包括改变具体的情绪，但更多的是改变情绪的强度。

提到情绪调节，最容易让人联想到的是对负性情绪的调节，如克制愤怒、消除悲伤、缓解焦虑、降低恐惧等。很多研究者都提出情绪调节不仅仅指降低负性情绪，实际上还包括正负两种情绪的增强、维持、降低等多方面的调节。所以情绪调节策略不只是用于负性情绪的应对，也包括正性情绪的调节，使之与外在环境相适应。

二、为什么要调节情绪？

从心理卫生学的角度来说，任何一种情绪都是一种人体内在的信号，有着生理和心理的价值。也就是说，消极情绪或积极情绪本身并没有绝对的好坏之分。如果有适当的原因，持续时间合理、反应强度适中都是正常的，但为避免不当情绪对人的消极影响，就需要对情绪进行调节。

情绪会影响身体健康。生物科学家巴甫洛夫说：忧愁、顾虑和悲观等情绪可以使人得病；积极、愉快、坚强的意志和乐观的情绪，可以战胜疾病，更可以使人强壮和长寿。可见，积极情绪有利于人的身心健康，因为愉快的情绪能使整个躯体的免疫系统和体内的化学物质处于平衡状态，从而增强对疾病的抵抗力。而过于强烈或持久的消极情绪则会给人的机体带来危害，导致生理功能紊乱，如食欲不振、睡眠障碍、肌肉紧张性疼痛、神经系统紊乱等。用一句古语总结情绪对身心健康的作用："怒则气上，喜则气缓，悲则气消，恐则气下，惊则气乱，劳则气耗，思则气结。"由此可见，情绪对健康的影响很大。

情绪对心理活动和行为也有组织与调控作用。一般来说，积极的情绪可以激发人们活动的积极性，有助于提高活动效率；消极的情绪则对活动起破坏和阻止作用。例如，学生在考试时心情愉悦、充满自信，往往能较好地发挥出自己最好的水平；而如果学生在考试时过于焦虑则会导致肌肉紧张、注意力狭隘等，不能发挥出自己的正常水平。此外，情绪还会影响人们对自我的认识和评价。人们在处于消极情绪时，会降低对自我的评价，会做出自我否定的归因，如"我总是失败的""我没有能力"。长久以往，还会影响人们的个性发展。

此外，情绪对人们的社会活动也有重要影响。在人际交往中，情绪是人们传递信息、交流思想的一种手段。如果个体拥有积极的情绪和情感，别人也会更愿意接近他，因为能从相处中受到积极的情绪感染，这有利于良好人际关系的建立。而冷漠、自卑、暴躁等消极情绪不仅妨碍良好人际关系的建立，个体还容易把自己孤立起来。情绪失控具有严重的危害性，不仅会给自身带来严重的影响，也可能会给他人造成伤害，已有无数的人因陷入失控的情绪而走上违法犯罪的道路。

三、我们如何有效地调节自己的情绪？

(一)情绪 ABC 理论

在情绪 ABC 理论中，A(activating event)表示诱发性事件；B(beliefs)表示个体针对此诱发性事件产生的一些信念，即对这件事的一些看法、解释；C(consequence)表示自己产生的情绪和行为的结果。埃利斯认为：人不是被事情困扰着，而是被对事情的看法困扰着。在事情发生的时候，决定我们情绪的并非事件本身，而是我们对事物的想法。正面的、积极的、理性的想法触发积极的情绪体验，负面的、消极的、非理性的想法触发消极的情绪体验。

如果我们想要改变生活、改变情绪，我们就必须转变导致某种消极情绪产生的想法。那么，当我们遇到具体问题的时候，我们都有什么想法呢？这些想法是否合理？

理性信念和非理性信念的最大区别是，非理性信念包含更多的主观臆测成分，而理性信念是符合现实、客观、合理、合逻辑的想法。理性信念能够使人保护自己，生活愉快，使人更快地达到目标，阻止或很快消除情绪冲突；非理性信念则相反。

非理性信念的三大特征。

第一，绝对化的要求。它是指人们从自己的意愿出发，认为某一事物必定发生或不会发生的信念，常与"必须"和"应该"这类字眼联系在一起。

第二，过分概括化。这是一种以偏概全的不合理的思维方式，常把"一些"说成"所有"，把"有时"说成"总是"。

第三，糟糕至极。有这种非理性信念的人认为一件不好的事情的发生将是非常可怕、非常糟糕的，认为那是一场灾难。

(二)情绪调节三部曲

调节情绪的方法，就是能清楚地知道自己当时的感受，认清引发情绪的原因，并找出适当的方法缓解或表达情绪。我们可以将其归纳为以下三步骤。

1. What——我现在有什么情绪？

情绪调节的第一步是要先能察觉我们自己的情绪。只有我们认清自己的情绪，知道自己现在的感受，才能掌握情绪，而不会被情绪左右。我们在觉察到自己的情绪后，就可以好好地观察情绪，想象它是什么样子的，并告诉自己"那是我的情绪而不是我"。我们还可以回想自己在情绪产生时的反应，下次再有类似的肢体反应、行为表现或心理感受时，就能知道自己陷入了什么样的情绪状态中，并做出适当的反应和行为。

2. Why——我为什么会有情绪？

情绪调节的第二步是找出情绪产生的原因。任何情绪都是有原因的，找出引发情绪的原因，我们才知道这样的反应是否正常，我们才能对症下药。你可以问自己："我为什么生气？我为什么难过？我为什么觉得无助？我为什么……"还可以自问："情绪在向我表达什么？"诸如此类的思考可以帮助我们找到情绪背后的原因，也可以帮助我们增强理智的力量来跟当下的强烈情绪相抗衡，避免情绪失控。

前面的两个步骤很重要的一点就是要做到"接纳情绪"，特别是接纳自己的负性情绪。接纳情绪可以让我们更好地觉察自己的真实感受，更好地去挖掘情绪背后的原因，甚至接纳本身就可以化解情绪。

3. How——如何有效处理情绪？

情绪调节的第三步是处理情绪。我们可以用什么方法来调节自己的情绪呢？平常当你心情不好的时候，你会怎么处理？什么方法对你是比较有效的呢？也许可以通过深呼吸、肌肉松弛法、静坐冥想、运动、听音乐等来让心情平静，也许还可以通过大哭一场、找人聊聊、涂鸦等方式来宣泄一下，或者换个乐观的想法来改变心情。

青年时期的情绪体验特别强烈，富于激情，但意志能力的发展不够完善，理智驾取不了情感，时常会受到消极情绪的困扰。因此需要掌握一些必要的方法，尽快进行自我调控，转换情绪，避免长期陷于消极情绪中。常用的情绪调节方法分为以下四类。

（1）注意力转移法。有意识地转移注意焦点，把注意力从引起不良情绪的事情转移到其他事情上。因为当你的注意力过度集中在引起不良情绪的事情上时，偏激的情绪就可能发生，这个时候如果能够及时转移注意力，就可以冲淡不良情绪，减少其爆发的可能性。最好的办法是先离开这个环境，如外出散步、旅游参观等；还可以把注意力转移到自己较感兴趣的活动和话题中，多回忆自己感到幸福、愉快的事情，使消极情绪转化为积极情绪。

（2）合理宣泄情绪。情绪宣泄对于一个人来说很重要，"宣"是疏导之意，"泄"是指放出，所以宣泄在这里就是指把自己的消极情绪通过疏导而放出。所谓合理宣泄情绪，是指在适当的场合，采用适当的方法，排解心中的不良情绪。合理的宣泄其实也是一种情绪的表达方式。合理宣泄情绪的方式有以下几种。

哭——适当地哭一场。从科学的观点看，哭是自我心理保护的一种措施，是一种积极有效的排遣紧张、烦恼、郁闷、痛苦情绪的方法。许多人在哭过一场后，痛苦、悲伤的心情就会舒缓许多。短时间内的痛哭是释放不良情绪的好方法，是心理保健的有效措施。但要注意不能时间过长或遇事就哭，这样反而会加重不良情绪体验。

喊——痛快地喊一回。当受到不良情绪困扰时，我们不妨找个空旷的地方痛快地喊一回，通过急促地、强烈地、无拘无束地喊叫，将内心积郁的情绪发泄出来；或者投入地高声歌唱，放声歌唱可以提高士气，可以使我们的心理达到平衡。

诉——向亲朋好友倾诉衷肠。"一份快乐，两个人分享，就变成了两份快乐；一个痛苦，两个人承担，就变成了半个痛苦。"把不愉快的事情隐藏在心中，会增加心理负担。找人倾诉、诉说衷肠，不仅可以让自己的心情感到舒畅，而且还能得到别人的安慰、开导，以及获得解决问题的方法。但要注意选择适当的对象，切忌不顾对象、场合，因为这样反而会增加压力。此外，也可以通过写日记的方式来诉说。

动——进行剧烈的运动。当一个人情绪低落时往往不爱动，这样注意力就越不易转移，情绪就越低落，容易形成恶性循环。因此可以通过跑步、急走、打球等剧烈活动改变不良情绪。从事体育活动不仅使人的身体得到锻炼，增强体质，而且还能使人的情绪得到改善，摆脱情绪困扰。

（3）理智控制法。人不仅要有情绪，还要有理智。如果失去了理智，情绪也就成了脱缰的野马。在陷入消极情绪而难以自拔时，应有意识地用理智去控制。理智控制法有以下几种方式。

心理换位。所谓心理换位，就是与他人互换位置角色，即俗话所说的将心比心，站在对方的角度思考、分析问题。通过心理换位来体会别人的情绪和思想，这样有利于消除和防止不良情绪。例如，当受到家长和老师批评时，我们可以设身处地想一想："假如我是老师、家长，遇到此类情况会怎样呢?"这样往往就能理解家长、老师对自己的态度，从而使极端情绪缓和下来。

升华转化。发掘、调动思想中的积极情绪，抵制和克服消极情绪。将痛苦、烦恼和忧愁等消极情绪升华转化为积极有益的行动，化为从事科学、文化、艺术、体育等活动的力量。司马迁说过："文王拘而演《周易》；仲尼厄而作《春秋》；屈原放逐，乃赋《离骚》；左丘失明，厥有《国语》；韩非囚秦，《说难》《孤愤》；诗三百篇，大抵圣贤发愤之所为也。"再如，有的学生没有因生活中的困难而痛苦万分，也没有因此而消沉，而是把注意力转移到学习中，立志做生活的强者，证明自己的能力，这些都是升华转化的典型例证。

自我暗示。在暗示过程中尽量运用想象。暗示语的表述也很重要，尽量采用正面表述，并且尽量简短有力。当然，除了语言暗示之外还可以通过音乐暗示、物品暗示等来缓解不良情绪，可以找一个能使你带来安心、情绪愉悦的小物件作为你的幸运物，在你遇到挑战或者产生不良情绪时，就看看或想想它，相信它能给你带来积极作用。

合理认知。中学生常见的不良情绪体验大多是建立在他们对世界的不恰当或错误的认知评价基础上的，所以正确的认知是产生和保持健康情绪的关键。因此，通过改变对自己、对他人或对事的看法和态度，就可以改变当前的情绪。也就是换个角度看问题，或从积极的方面去想。在遇到挫折时，要从积极的方面去想，努力从不利的因素中找到有利的因素，从而调动自己的积极性。

主题活动

主题活动一：学会自我调节情绪

(一)活动目的

(1)认识到调控情绪的重要性；

(2)掌握调控消极情绪的方法。

(二)活动内容

1. 我的经验

谈谈你在生活中是如何调节情绪的。以小组为单位，在组内以接力赛的形式进行，要求全员参与，每人每次写出一种生活中自己用过的调节情绪的具体做法（要求有具体例子），在本组内不能重复。写完后小组成员对列出的所有排解情绪的方法进行讨论，衡量调节情绪的方法是否满足正确、科学的原则。

2. 集体智慧

各小组展示组内讨论后得到的判断标准、小组成员的调节方法，以及根据判断原则做出的评判结果。

(1)对有争议的调节方法进行讨论；

(2)对筛选后的方法进行归类，提升到理论的层面。

选择情绪调节方法的注意事项：以不损人害己为前提，以适合自己为首选，以悦己怡人为上选。

3. 学以致用

分析材料，并为材料中的主人公扫清他们遇到的情绪障碍。

案例1：

曾洋是一名高一学生，随着期末考试一天天临近，他逐渐变得紧张起来。为了缓解自己的紧张情绪，他将所有能挤出来的时间都用在了学习上，他放弃了自己最喜欢的篮球运动，在课间和放学后也很少跟同学交谈，总是一个人在学习，晚上也学习到很晚才睡觉。由于害怕别人笑话，他把这份紧张深深地埋在心里，没有和任何人说过。他在心里时常对自己说："我能行。"但是最近他发现自己的学习效率越来越低，总是记不住知识点，而且经常在学习时出现头脑空白的状况。

请你对曾洋的做法加以评价。你认为他应该怎样做才能更好地缓解考试压力？

案例2：

陈凯是一名高中二年级学生，脾气易怒，平时遇到一点小事，就会与同学发生争吵，有时甚至动起手来。最近就发生了两次冲突：一次是他去另一个班的宿舍借东西，因为别人的态度不友好，他就和对方争吵了起来；另一次是因为一名同学拿着拖把和他开玩笑，他恼羞成怒，准备用拖把打那名同学，被班主任及时制止。事后他自己也后悔不已，可是一旦遇到事情，还是不能控制自己，很容易发怒。这导致他与同学的关系疏远，师生关系紧张，没有固定玩伴和要好的朋友。

请你为陈凯出谋划策，帮助他早日改掉这个毛病吧。

案例3：

刘铭是某校高三毕业班学生，担任班长。他是个爱争先的人，他下定决心，要考到年级前10名。他花了很多精力备考，但是当他拿到成绩单时，他感到很失落，因为这个成绩是没办法让他考上心目中的理想大学的。距离高考只有1个月了，他觉得自己跟心目中的大学无缘了，因此情绪低落，也不像以前认真学习了，经常迟到、旷课、玩游戏。

请你想一想可以怎样帮助刘铭调节情绪，让他重新振作起来。

案例4：

娜娜是刚刚升入高一的学生，在同学眼中她是个比较文静、内向、有些忧郁的女生。原来，最近这段时间她的家里发生了一些事情，她的父母经常因为经济问题争吵，娜娜觉得是自己给父母添了麻烦，很想让父母和好，但又不知道能够做些什么。她在学校的时候还总是想着家里的事情，觉得很难受。

面对生活在这种家庭环境中的娜娜，她如何才能够开心起来呢？

(三)活动总结

在生活中，我们总会遇到不顺心的事情，但我们可以握住情绪的钥匙，做情绪的主人。记住该记住的，忘记该忘记的；改变能改变的，接受不能改变的。日出东海落西山，愁也一天，喜也一天；遇事不钻牛角尖，人也舒坦，心也舒坦。

主题活动二： 认识情绪 ABC

(一)活动目的

认识情绪 ABC，了解该理论对调节情绪的作用。

(二)活动内容

草原上有一只可爱的绵羊，它长着一身洁白的毛，高兴的时候它还会突然跳上一段欢快的舞蹈。但是有一天，它那身引以为豪、充满光泽的羊毛被剃光了，它变得光溜溜的。它觉得所有的动物都在嘲笑自己，于是它变得很自卑，很沮丧，不再跳舞了，不再神采飞扬，而是独自伤心地躲在岩石下。这时一只美洲跳跳羊过来开导了它，帮助它走出了生活的困境。此后每年的某天它都会被它的主人抓走，全身的毛被剃光，但是它不再为它的外形而困扰，不再害羞，它成了一只跳跳羊，学会了跳跃，世界的视角也改变了，一切又变得活泼生动了。

想一想：同样是被剃得光溜溜的，为什么绵羊开始那么难过、自卑，后来却神采飞扬？

其实事情没有变，是绵羊的心情和想法变了。通过改变想法来调控我们的情绪，我们可以成为自己情绪的主人。

运用情绪 ABC 理论解读绵羊的故事，绵羊觉得"我变成光溜溜的，所有的动物都在嘲笑我"，而其实并没有这么糟糕，转变想法后，它又能够快乐地跳舞了。

　　美洲跳跳羊开导绵羊，这其实就是对绵羊的非理性信念进行驳斥的过程，有助于绵羊重新建立理性信念。那我们怎么对非理性情绪进行驳斥呢？下面是美洲跳跳羊对绵羊说的话："被剃掉毛露出粉红的皮肤有什么不对？你的想法才需要改变。颜色能决定一切？哦！它当然不能，粉红色、紫色都无所谓。生命有高潮偶尔也有低潮，当你心情低落时就看看四周，你有健康的身体，没有病痛，只要换个角度想，世界很美丽。至于你的舞蹈，只需加点新意，保证就能成功。先把脚抬高，然后用力地跳，你会发现，自己在跳！跳！不停地跳！跳到空中，像天那么高，只要努力去做，你一定会有收获。"

　　美洲跳跳羊是怎样对绵羊的非理性信念进行驳斥的呢？

　　我们可以用几个问题来驳斥自己的非理性信念。

　　(1)这是事实还是我的推测？（特别是对于以偏概全的非理性信念。）

　　(2)为什么必须如此？（特别是对于绝对化要求的非理性信念。）

　　(3)真的有那么糟糕吗？（特别是对于糟糕至极的非理性信念。）

　　(4)我可以做些什么？

主题活动三：学会使用"情绪 ABC"

(一)活动目的

了解"情绪 ABC"理论，学会使用该理论调适情绪。

(二)活动内容

1. 分析和讨论案例

李韵升入高中后，本以为这是人生的新阶段，但是这两个月以来她却一点都不开心。李韵发现在初中可以很轻松地取得不错的成绩，但到了高中完全不是这么回事，现在都要倒数了，她实在接受不了。她觉得理科好难，作业太多，总是写不完。她平时上课时经常听不懂，但看别人好像都听懂了，觉得自己的反应总是比别人迟钝，课后有问题也不敢去找老师，怕老师觉得问题太简单，会觉得自己很笨。开学来的几次考试没有一次考得好，这次期中考试又考砸了，看到自己的分数，她的心里很不是滋味，心想："我都这么努力了，成绩也就这样，一点起色也没有，我觉得再这样下去，我都不敢想象我的高考会怎样，好丢人。"最近她的状态越来越差，想到要写作业和学习就很烦，不学习又会很自责。李韵该怎么办呢？

请大家讨论一下：故事中的主人公最近情绪如何？她存在哪些不合理的想法？请你对其不合理的想法进行反驳，并说明怎样想才是合理的。如果主人公在获得了合理想法后，情绪会有何变化？请填写表 12-1。

表 12-1　非理性信念

事件 A：		
情绪 C：		
不合理想法 B：	辩驳 D：	合理想法 E：
新的感受 F：		

现在是不是觉得找出不合理的想法并不容易？因为很多时候这些想法是比较隐蔽的，而且是片段的，这就需要我们主动去挖掘，通过已有的片段、关键词找到背后的核心想法。这需要我们多多练习。

不合理想法：

"在初中时，我轻轻松松地就可以考好，上高中后我也应该能考好；我实在接受不了我考得不好；我的反应总比别人迟钝；问简单问题，老师会觉得我很笨；我必须让老师觉得我很聪明，因为以前的老师觉得我很聪明；我努力了，就一定要有好成绩，不然我的努力都白费了，努力也没用；我现在考不好，高考也会考不好，我不能接受我在高考时考得不好；高考考不好很丢人，没考好说明我很差劲，以前的同学会笑话我。"

合理想法：

"高中学习任务重，而且同学们都很厉害，所以我在高中想要考好就要付出更多努力，我争取/力争比别人考得好；有一些同学的思维很活跃，这只是我的一种猜测，并不一定是真的，我希望在老师眼中我是聪明的、优秀的；大家也都在努力，所以不是努力就一定有好成绩，想要有好成绩一定是要付出努力的；现在没考好不代表我没能力，也不代表将来，我力争/争取/希望高考能考好；高考成绩不能代表我的能力；有些同学会关注我的成绩，但仅此而已。"

2. 填写情绪日记

在遇到烦心的事情时，如果你可以马上写出情绪日记，有效地改变自己的非理性认知，就能较快地改善自己的心情。请回忆曾经令自己情绪不好的一件事，并填写表 12-2。

表 12-2　情绪日记

第一步　记下让你心烦的一件事情		
第二步　记下你的几种感受及程度（0 分表示程度最小，10 分表示程度最大）		
情绪　　程度	情绪　　程度	情绪　　程度
第三步　使用三栏表格法		
你的想法（自动化的想法）以及你对它的相信程度（0～10 分）	不合理之处	理性的想法以及你对它的相信程度（0～10 分）
第四步　重新评估你对你自己的原本想法的相信程度（0～10 分），并在下面最能代表你感受的方框内打钩		
□一点儿也不见好　　　□稍微改善　　　□好多了　　　□大大减轻		

（三）活动总结

人并不是不能拥有消极情绪，其实情绪本身并无好坏之分。但持续时间长、对正常生活产生影响、无助于问题解决的情绪是必须改变的。我们心中的负面想法的产生由来已久，是在十几年的成长时间里经历了一些事情后一点一滴形成的，在我们的心中盘踞已久时，要将它赶走是一个长期的过程，需要我们在接下来的时间里反复地进行觉察和修正，要做好长期奋战的心理准备。

很多观念已经自动化、习惯化了，人们在很多时候一遇到事情就会产生情绪，甚至还来不及思考。我们要学会运用情绪日记记录情绪，有意识地去发现自己的不合理认知，强调正面想法，将正面想法的种子在我们的心中越种越多，越种越深，让正面想法一点一点地取代负面想法，形成新的积极的自动化观念。

⚙ 拓展延伸

快乐的钥匙

著名专栏作家哈理斯和朋友在报摊上买报纸，朋友礼貌地对报贩说了声"谢谢"，但报贩却冷口冷脸，没发一言。

"这家伙态度很差，是不是?"他们继续前行时，哈理斯问道。

"他每天都是这样的。"朋友说。

"那么你为什么还是对他那么客气?"哈理斯问。

朋友答道："为什么我要让他决定我的行为?"

每个人心中都有把"快乐的钥匙"，但我们却常在不知不觉中把它交给别人掌管。

埃利斯提出了常见的 10 个不合理的信念，认为这些不合理的信念常存在于有情绪困扰或适应不良者身上，具体如下：

(1)人应该得到生活中所有对自己重要的人的喜爱和赞许；

(2)有价值的人应在各方面都比别人强；

(3)任何事物都应按自己的意愿发展，否则会很糟糕；

(4)一个人应该担心随时可能发生灾祸；

(5)情绪由外界控制，自己无能为力；

(6)已经定下的事是无法改变的；

(7)一个人碰到的种种问题，总应该都有一个正确、完满的答案，如果一个人无法找到它，便是不能容忍的事；

(8)对不好的人应该给予严厉的惩罚和制裁；

(9)逃避挑战与责任要比正视它们容易得多；

(10)要有一个比自己强的人做后盾才行。

课后任务

当你感觉情绪不适且过于强烈、无法短期缓解的时候，你可以尝试转移注意力，做一些自己感兴趣的事情，让自己暂时休息一下。现在请你想一些可以让你快乐的娱乐活动，在你感受到消极情绪时可以独自或与其他人一起参加的活动。

1. 哪些活动可以让你放松？

_____

2. 哪些活动你非常喜欢，可以让你忘掉烦恼？

_____

3. 你最大的爱好和最喜欢的娱乐活动是什么？

_____

4. 你对哪些活动最有热情？哪些活动让你有意义感和目标感？

_____

5. 你可以怎样组织一些有趣的活动？

_____

写下专属于你自己的情绪日记。

第十二课

接纳自我，乐观自信

问题导入

自我接纳一词在今天早已不陌生。很多人都听说过它，有人正在为了践行它而经历内心的波折，有人正困惑于"自我接纳是不是放任自己"，还有人在苦苦寻找自我接纳的方法，对探索自我有追求的人常常问的问题是："我知道要自我接纳，可是要如何才能做到自我接纳呢？有什么方法吗？"

知识导航

一、自我意识的功能

自我意识是青少年对自己及与周围环境的关系诸方面的认识、体验和调节的多层次心理功能系统，包括自我认识、自我体验和自我控制三个方面。自我认识是自我意识的认知成分，包括对体貌、道德、社会关系等方面的自我评价；自我体验是自我意识的情感成分，反映个体对自己所持的态度，包括自尊感、满意感和焦虑感；自我控制是自我意识的意志成分，包括自觉性、自制力和监控性。

个体的自我意识与个体的成长发展息息相关。自我意识对青少年心理健康、社会适应行为、心理危机和诚信行为都有重要影响。自我意识在个体成长和发展中具有导向激励、自我控制、内省调节等功能。

一是导向激励功能。一个人要想成就一番事业，就必须从自身的实际出发，确定明确的目标，只有如此才会调动自身的潜能，激发强大的动力。个体通过正确的自我认识，确立较为合理的"理想自我"，就为自己将来的发展确定了目标，对认知、情感、意志、行动产生很大影响，是个体活动的动力。自我意识健全的个体，在从事一项活动之前，活动的目的和结果就以观念的形式存在于头脑之中，并依此做出计划，指导自己的活动，从而激发起强大的动力，进而达到预期的目标。

二是自我控制功能。一个人如果有了发展目标而不付诸行动，其结果仍然是一无所获。个体要想将来有所建树，首先要有科学的目标，其次还要有自立、自主、自信、自制的意识，并对自己偏离目标的情感和行动加以调节与控制。在通往成功的大道上，很多人与成功失之交臂，并不是因为缺乏机会和才华，而是因为缺乏自我控制的意识和能力。研究表明，自我控制能显著正向预测个体的生活满意度和亲社会行为。

三是内省调节功能。自我意识健全的个体，不仅能够确立符合自己的理想自我，而且能够通过自我控制来实现预期目标。而由于主客观条件的制约，理想自我的实现常常会遇到各种障碍，致使个体产生不同程度的挫折感。这时，自我意识就会对自己的认识、情感、意志、行为等进行反省，找到遭受挫折的主客观原因，并重新调整认识，形成新的理想自我，使其与现实自我趋于统一。内省和调节就是个体在成长中进行的自我监督与自我教育，每个人要想使自己成为自我实现的人，就需要有积极的自我意识，随时反省与调节自我的认识、情感、意志和行为。

二、自我意识的阶段划分

心理学研究表明，个体自我意识从发生、发展到相对稳定，大约要经过 20 多年，纵观自我意识的形成过程，我们可以把它分成四个阶段。

第一阶段：自我意识萌生时期（生理自我形成发展期）

在生命降生之初，婴儿是没有自我意识的。他们甚至不能意识到自己和外界事物的区别。可见，他还生活在主体和客体尚未分化的状态之中。一般在 8 个月月龄左右，婴儿的生理自我开始萌生，这是自我意识的最初形态。

到 1 岁左右，幼儿开始能把自己的动作和动作对象区别开来，初步意识到自己是动作的主体。例如，当他手里抓着玩具的时候，他不再把玩具当作自己身体的一部分了。1 岁以后，幼儿逐步认识自己的身体，开始意识到自己身体的感觉。不过，他只是把自己作为客体来认识，他从成人那里学会使用自己的名字，并且像称呼其他东西一样地称呼自己。

一般到 2 岁左右，幼儿逐渐学会用代词"我"来代表自己。3 岁左右的幼儿，其自我意识有了新的发展，主要表现在以下方面。首先，出现了羞愧感与疑虑感。当做错了事时，会感到羞愧；当碰到矛盾时，会感到疑虑。其次，出现了占有欲和嫉妒感。幼儿看到自己喜欢的东西，就想独自占有，不愿与人共享；如果母亲对其他幼儿表现出关心和喜爱，他会产生强烈的嫉妒感。第一人称"我"的使用频率提高，许多事情都要求"我自己来"，开始有了自我独立的要求。应该说，3 岁幼儿的自我意识已经有了一定的发展，但其行为仍然是以自我为中心的，即以自己的想法解释外部世界，并把自己的想法和情感投射到外界事物上去。

第二阶段：自我意识形成时期（社会自我形成发展期）

从 3 岁到青春期这段时期，是个体接受社会化影响最深的时期，也是学习角色的重要时期。个体在家庭、幼儿园、学校中游戏、学习、劳动，通过模仿、认同、练习等方式，逐步形成各种角色观念，如性别角色、家庭角色、伙伴角色、学生角色等。这一时期也是获得社会自我的时期，个体开始能意识到自己在人际关系、社会关系中的作用和地位，能意识到自己所承担的社会义务和享有的社会权利等。

在青春期以前，个体的眼光是向外的，引起他们兴趣和注意的是外部世界，他们对自己的内心世界视而不见。他们虽然已经意识到自己是一个主体，可以充分认识到自己的行为，却不了解自己当下的状态：常常把自己的情绪视为某种客观上伴随行动产生的东西，不懂得情绪是自己的主观感受；不善于通过自己的眼光去认识世界，只是照搬成人的观点作为自己对外部世界的认识。

第三阶段：自我意识的发展时期（心理自我形成发展期）

从青春发育期到青春后期，大约 10 年时间，是心理自我的发展时期，自我观念渐趋成熟。在青春期，个体无论在生理、认识或情绪等方面都有很大的变化，如性的成熟、逻辑思维和想象力的发展、感受性的敏感，都是自我意识发展的基础。

在这一时期，个体的自我意识具有以下特点。一是自我意识分裂为观察者的我（I）和被观察的我（me），因而个体就能从自己的观点出发，认识和考量自己的心理活动。二是个体能够透过自我去认识客观世界，即由自我的观点来认识事物，而不是从他人的观点去考量事物。三是个体价值体系的建立和理想自我的活动总是与自我观念的发展相联系。这时，个体常常强调自己所具有的个性特征的重要性，以及认为自己追求的目标对于自己的重要性。由于自我意识的发展，到了青春期，青少年要求独立自主的意识强烈，想要摆脱成年人的影响和束缚。我们对初中生自我意识的发展趋势进行了研究，结果发现初中阶段的青少年自我意识的发展很不稳定，表现为先高后低；初中生自我意识发展存在年级差异，八年级是自我意识发展的关键期。高中生自我意识的发展趋于稳定，且在三个年级间无显著差异。

一般来讲，青少年自我意识的发展经历着一个特别明显的分化、矛盾和统一的过程。自我明显的分化，意味着自我矛盾冲突的加剧，即主体我与客体我的矛盾斗争，理想我与现实我矛盾斗争的加剧。主体我与客体我、理想我与现实我不能统一，自我形象便不能确立，自我概念也不能形成。

青少年表现出明显的内心冲突，甚至有一定的内心痛苦和强烈的不安感。他们对自我的评价常常是矛盾的，对自我的态度常常是波动的，对自我的控制常常是不自觉、不果断的。他们时而能较客观地评价自己，时而又不能客观地评价自己；时而肯定自己，时而又否定自己；时而感到自己什么都行，时而又感到自己对许多事情都无能为力；时而步入憧憬境界，对自己的现实缺乏意识，时而又厌恶自己长大的事实，留恋童年时期；时而对自己充满自信，时而又感到自卑，对自己不满；等等。

第四阶段：自我意识完善时期（自我意识统一期）

如果说青春期是自我意识迅速发展并趋向成熟的阶段，那么青年期之后个体的自我意识则不断完善和提高，即主体我与客体我、理想我与现实我经过激烈的矛盾和斗争，重新实现统一的时期。这种统一是在新的水平与方向上的协调一致，使现实我努力符合理想我的要求。当然，矛盾斗争的统一结果有两种可能性，积极的结果是形成新的真实的自我统一，使人增强自信，努力奋斗，有利于自身的发展；消极的结果是形成歪曲的自我统一，或自卑，或自负，影响自身的成长和发展。

自我意识的形成和发展的过程，正是一个人人格成长的过程。忽视了每一阶段的健康成长，都会给人带来终生的遗憾。

三、自我接纳

自我接纳，是指个体对自我及其一切特征采取一种积极的态度，简言之，就是能欣然接受现实自我的一种态度。自我接纳包含两个层面的含义：一是能确认和悦纳自己的身体、能力和性格等方面的正面价值，不因自身的优点、特长和成绩而骄傲；二是能欣然正视和接受自己现实的一切，不因自身的某种缺点、失误而自卑。自我接纳是个体心理健康的一项重要标准。

自我接纳包括接受自我和他人以及自己所处的现实环境。自我接纳是自我通过各种信息调节自身的心理活动，从而欣然接受或正视现实的一切。自我接纳是人类在解决生存和繁衍问题的过程中演化形成的，科学的进化论对个体的自我接纳有着重要的理论依据。

自我接纳也是马斯洛需要层次理论中自我实现的特征之一，马斯洛在描述自我实现的人格特征时提到以下两部分内容。

第一，能接纳自己和他人，不会为自己或他人的缺点所困扰，或感到内疚与不安，他们能坦然地接受自己的现状，包括自己的需要、愿望，同样也能宽容地对待他人的弱点和问题，从容地生活，很少使用防御机制。

第二，坦率、真实，他们能真实地对待自己的感情，并能坦诚地说出自己的感受，不掩饰自己，自然而单纯地表现自己。

自我接纳是自我认知结构的一部分，是形成人格的重要因素之一。马斯洛自我接纳就是自发地接受自我、接纳他人和世界本来的样子。

主题活动

主题活动一： 故事讨论

(一)活动目的

通过阅读故事，体会其中蕴含的道理。

(二)活动内容

1. 故事引入

森林举办"大"比赛，老虎走上擂台，其他动物高呼"大"；大象登台表演，其他动物也欢呼"大"。角落里的一只小青蛙气坏了："难道我不大吗？"只见青蛙"噗"地一下跳上了一块巨石，鼓起肚皮神采飞扬地高喊："我大吗？""不大！"只听见观众席中传来一阵阵嘲讽之声。青蛙不服气，鼓起肚皮，继续问。可是随着"嘭"的一声，青蛙的肚皮撑破了。可怜的小青蛙至死也不知道它到底大不大。你觉得青蛙可怜吗？为什么呢？

2. 小组讨论

以小组为单位进行讨论，每个小组选出代表发言，教师总结发言。

主题活动二： 自我认识

(一)活动目的

认识自我，悦纳自己。

(二)活动内容

活动一：个人卡片

"我是谁"是一个充满了思辨和永恒的话题。老子提出："知人者智，自知者明。胜人者有力，自胜者强。"那么大家是如何看待自己的呢？填写自己的名片，写出"我是谁""我是怎样的人""我有什么目标"。

分享环节结束后，学生思考可以从哪些方面来认识自己。

在分享的时候，尽量从生理自我、心理自我、社会自我三个方面来说明。那么到底什么是生理自我、心理自我、社会自我呢？

小结：生理自我是对自己身体和心理状况的认识与评价，包括外貌、风度、健康状况等。心理自我是对自我心理和行为特征的认识，包括能力、性格、智力、兴趣等；社会自我是对自己的社会功能的观察和认识。

活动二：认识自己的途径

闭上眼睛，想象自己从教室里走出去，来到一间有很多穿衣镜的大房间。仔细打量镜子中的自己，你看见自己是什么样子的呢？记住镜子中自己的模样，想象自己又回到了教室。

(1)画一画自己，看看是否画出自己的外貌特征和精神风貌。

(2)动手写一写你对自己的认识有多少(结合活动一中对生

理自我、心理自我和社会自我等方面的认识）。

（3）分享自画像和对自己的认识的内容，说明认识自我的途径。

其实自我认识的途径有很多。

（1）从生理、心理、社会等方面来认识自我。

（2）通过自我评价来认识自己。对自己有恰当的评价，对自己抱有肯定的态度，不骄傲也不自卑；同时，客观的自我评价也有助于我们调节和控制自己的行为。具体的自我评价的方法有：自我观察与分析、对比分析等。

活动三：优点大轰炸

选择"轰炸"一名学生，其他同学轮流说出他的优点，每个人至少说一个优点，且不能重复。"轰炸"结束后请这名学生分享自己的体验感受。

认识自我也可以通过他人评价的途径来实现，因为他人评价是我们认识自己的一面镜子，恰当的他人评价有助于我们形成对自己更为客观、完整、清晰的认识。但是我们对他人评价不能盲目且全面接受，要批判性地接受。

全面的自我意识或自我概念对于青少年而言是相当重要的。一个人唯有认清自己、接纳自己，发展健康的自我意识或自我概念才有能力去认识别人、肯定别人，并与他人建立良好的人际关系。建立与发展自我意识或自我概念的第一步就是要回答"我是谁"的问题。

根据埃里克森的心理社会发展理论，青春期的学生处于"自我同一与角色混乱"的矛盾时期。他们的自我意识增强，急切地想要探索自我。他们被"我是谁""我在社会上应发挥什么样的作用""我将成为什么样的人"等这样的问题困扰着，需要更加全面地、多角度地认识自我。

高中学生通过活动初步体验认识自我，也知道正确认识自我的重要性和认识自我的途径，能够灵活地运用到自己的日常生活中。

主题活动三： 接纳自我

(一)活动目的

自我接纳的程度对个人能力、成就、外貌、身体、人际关系、道德等方面的认知判断产生重要影响，自我接纳程度不同，个人喜爱或不喜爱自己的程度也各不相同。自我接纳与自尊紧密相关。自我接纳程度高的人的自尊相对较高。自尊需要获得满足，将会使人感到自信，体验到自我价值，从而产生积极的自我肯定。

(二)活动内容

活动一：说一说

用"我_____，但是我_____"的句式进行填空接龙。将全班分成两个大组进行比赛，看哪个组用时短且表达准确。前者说的是缺点，后者说的是优点，也就是先说缺点再说优点。

改变能改变的，接受不能改变的，如此，高中学生学会的不仅仅是接纳自我、热爱自我，也是在找寻内心的一种平衡。"金无足赤，人无完人"，尽管现在的这个"我"不是很完美，但这只是我的现状。我有些地方可以完善，这些地方要是变得更完善了，那我就变得更加完美了。

活动二：论一论

请根据情景再现的内容，设身处地地考虑，如果故事的主人公是你，你要怎么办？为什么？

情景一：

小明很擅长下棋，曾经还拿过几次象棋大赛的冠军，但是他不擅长运动，在班上总是最后一名。同学们每次见到小明都会用体育超差来嘲笑小明。

情景二：

小强是个知识分子，学识渊博而且眼界开阔，但小强每天的生活都很拮据。每次一想到隔壁那个学识不如他，却收入比他高的阿牛，小强就会很失落。

情景三：

小豪是个商人，家财万贯，但他本人没有什么文化，总是受到那些有学识的同行的嘲笑。每次一想到自己怎么都学不会知识，小豪总是唉声叹气的，甚至他每天都在渴望能够摆脱这种无知的生活。

生活中充满了酸甜苦辣咸，我们没有办法去选择一些我们不可控的因素，但是我们可以选择生活的方向，改变自己的心态，接纳自己的不足，欣赏自己的优点。

(三)活动总结

每个人都是一个"独特的我"。无论是男性还是女性，都有各自的价值。每个人都是美丽的，都会因为可爱而美丽。积极的、健康的性格可以通过平时的努力来培养。我们的能力是多方面的，因此我们要愉快地接受自己，并通过努力改进和发展自己。

要做到悦纳自己，可以从以下方面做起。

(1)应该勇敢地接受自己的缺点、不足或缺陷。每个人都有自己不完美的地方，接受自己的不完美，每天给自己一个完美的笑脸。

(2)每天想一次自己的优点和长处，学会发扬自己的优点和长处。

(3)当取得成功的时候，尽情体验自己的喜悦，并与他人分享。

(4)悦纳自我，就是欣然地接受自我。

(5)客观地评价自己。

▤ 课后任务

客观公正地评价自己，做到认识自己、接纳自己。反思自己身上的优缺点并写下来，询问身边的朋友和家人，了解在他们眼中自己是什么样的，然后与自己的评价进行对比。

自己的评价(包括优点和缺点)：_____

_____

家人或者朋友的评价：_____

_____

对比两者的差异：_____

_____

第十三课

开发优势，成就人生

🔍 **问题导入**

我们每个人都向往幸福，希望与幸福同行，那么怎样才能得到幸福？积极心理学之父塞利格曼告诉我们：真实的幸福来源于发现自己的优势和美德，并在生活中充分发挥。那么优势和美德是怎样让我们感受到幸福的呢？

🔗 **知识导航**

一、优势

优势又称性格优势（character strengths），或称性格优点、人格优势、个人优势，通过个体的认知、情感和行为而反映出来的一组积极人格特质。

彼得森教授是积极心理学研究的领军者之一，是密歇根大学的教授，也是许多名人、学者的朋友；马丁·塞利格曼是美国著名的心理学家、临床咨询与治疗专家、积极心理学创始人之一。他们认为，人类普遍拥有 6 种重要美德：智慧、勇气、仁爱、公正、节制和自我超越，性格优势是定义美德的心理因素，涉及美德的形成过程和机制，这种优势具有跨文化性，有助于实现个人抱负、在道德上受到尊敬、不贬低他人的特点，具有可测量、独特性、完美的典范、天才的表现、相应的社会培养体系等特性。

总之，性格优势是通过个体的思想、感情和行为表现出来的一组积极品质，是积极人格特质研究的主要内容。不同的性格优点可以组成更高一层的长处或美德，而长处是人类获得幸福和健康的核心要素。

二、有利于美德形成的性格优势

美德之一：智慧，即知识获取和运用上的认知优势。

具体包括：

(1)创造力——运用新颖、富有成效的方式使思维更加概念化，并体现在做事的方式上。

(2)好奇心——基于自己的兴趣爱好进行的活动；确定目标，开始探索。

(3)开放性思维——从各个维度思考而不过早地下结论，公正地权衡各种证据和迹象。

(4)好学——主动掌握新的技能，确定目标和获取知识。

(5)洞察力——为他人提供明智的建议，拥有对自己和他人都有意义的世界观。

美德之二：勇气，即当内外意见不一致时，依然能够顺利完成任务的一种情感优势。

具体包括：

(1)勇敢——在威胁、挑战、困难或痛苦面前不畏缩；在有反对意见时依然能够为正义、真理辩护；即使不受欢迎，也依然能够坚持自己的信念。

（2）毅力——做事有始有终；在面对困难时坚持不懈，并以乐观积极的心态完成任务。

（3）正直——以非常诚恳的方式，更加全面地看待事情的本质；从不吹嘘和炫耀；能够对自己的情感和行为负责。

（4）热情——以一种充满活力、激情四射的心态感悟生活；不会半途而废；对生活具有一定的冒险精神，积极地感受生活。

美德之三：仁爱，即能够非常友好地与人交往的一种优势。

具体包括：

（1）爱与被爱的能力——和他人保持亲密友好的关系，特别是那些乐于分享并具有同情心的人。

（2）善良——乐于帮助他人，关怀他人。

（3）社交能力——有效地意识到他人的动机和情感，明白在不同的社交场合如何行事。

美德之四：公正，是健全的社区生活的基础。

具体包括：

（1）合作——作为一名团队成员，能够很好地与大家协作；对团队忠实；乐于分担。

（2）公平——对所有人能够做到一视同仁；不因个人情感而有所偏倚，给每个人平等的机会。

（3）领导力——合理安排团队活动，与团队成员的关系良好；组织团队活动并能使每个人都感到快乐。

美德之五：节制，即反对过度、超额的一种有效的力量。

具体包括：

（1）宽恕——原谅他人的错误；接受他人的不足并给予第二次机会。

（2）谦逊——保持谦虚的态度，不认为自己高人一等。

(3)谨慎——对自己的决定谨慎小心，不做过度冒险的行为，不做以后很可能会后悔的事情。

(4)自律——所作所为能够遵守规定和纪律，能够控制自己的情绪和行为。

美德之六：自我超越，即自己与他人、自然、世界建立有意义的联系的能力。

具体包括：

(1)对美和卓越的欣赏——从自然到艺术、科学，欣赏生活中不同领域的美丽、卓越和才华。

(2)感恩——对他人的帮助予以感激，并时常表达出这种谢意。

(3)希望——对未来充满希望并努力去实现它，相信未来是可以靠自己创造的。

(4)幽默——时常带给他人欢乐，能够看到事物积极的一面。

(5)信仰——对生活的意义、对更高的目标拥有坚定一致的信念，并能将信念付诸实践。

三、开发优势

智慧、勇气、仁爱、公正、节制和自我超越是可以在后天形成的美德，优势和美德都是在后天形成的，需要发挥人的主动性和意志努力，有一定的规律性。高中生可以做出科学的规划，发展和培养自己的性格优势，为形成美德打下坚实的基础。高中生可以从以下三方面认识自身的优势，并在此基础上珍惜优势，合理地运用优势。

(一)发现优势，了解自身的优势

学会发现自身的优势对一个人的自我评价具有很重要的作用，高中生通过个人反省、同伴交流、教师引导、心理测试等活动去发现和了解自身的优势。

(二)遵循意志和习惯的形成规律，培养优势

首先，要对性格优势有正确的了解（知道性格优势是可以通过后天培养的，坚定信心）；其次，根据自己的实际情况确定明确的性格优势开发目标，根据既定方案进行训练，克服困难；最后，在达成阶段目标后进行自我肯定。

1. 有使命感

高中生主要的活动是学习，也是发现优势、开发优势的好机会，希望他们积极、认真对待学习中的每一件事，并把学习当成使命，发掘出特有的能力，即使是烦闷、枯燥的学习，高中生也能从中感受到价值，在完成使命的同时，24 项性格优势就能逐步形成。

2. 发挥目标的作用

希望高中生在活动前就有明确的目标，把奋斗目标作为精神支柱。人生的目标容易设立，而实现目标的路却很难走。一旦目标明确，就要把奋斗目标作为精神支柱，为实现目标锲而不舍。

高中生在追求自己的目标的过程中，必然会经历各种磨炼和困难，唯有把奋斗目标作为精神支柱，才能找到抵抗挫折的动力，实现自己的目标。

高中生把奋斗目标作为自己的精神支柱，就在无形中拥有了抵抗挫折和困难的力量，便能执着地追求，最终成功地实现自己的目标。

为了实现远大的目标，高中生还应设定相应的近期目标与中期目标：从近期目标逐步向中期目标推进，只有这样才能切切实实地感觉到自己在向目标靠近，从而增加实现目标的希望。

建议高中生在确立目标后，一方面在语言和行为上反复强

化，将其渗透在潜意识中，作为一种模型或蓝图支配着自己的
生活和学习；另一方面，也要把目标让他人知道，让自己得到
最大限度的支持和监督，帮助自己实现目标。

3. 坚定信念、积极思考，做好自我肯定

信念能使人们对千千万万的信息具有检索的能力，是人们
头脑中的指挥中枢。一个没有信念的人，就像少了发动机的汽
车，不能动弹一步。信念的最初形式是念头、意念。念头要变
成信念，还要看你对这个念头的执着程度，也就是必须有实现
这个念头的决心、信心和恒心。

积极思考。一个人的每一个进步、每一个行动都离不开思
考，善于思考的人能从平凡中发现机会，从绝望中看到希望，
从而开辟出一片广阔的天地。

有了面对逆境的信心和勇气，逆境便会转化成顺境。逆境
能使人更加深刻地理解时间的价值和意义，具有更大限度的时
间安排的灵活性，督促人们去珍惜时间。时间是将逆境转化为
顺境的神奇的纽带。究其原因是逆境能激起开发时效的紧迫感。

每个活动的自我肯定是非常重要的，就算遭受到挫折，也
能积极地总结和肯定自己成功的方面，善于利用暗示。暗示就
是坚持积极的心理暗示，帮助人们把梦想、渴望、价值观念、
奋斗目标深深地根植在潜意识中，并主动采取行动、付出代价，
向着自己期望的目标一步步迈进，最终走向成功。

希望高中生要期待自己拥有优势的样子。有实际梦想的人，
永远期待着较好的日子的到来，维持勇气，减轻负担，肃清前
进道路上的困难、挫折。有了梦想，同时还需要有实现梦想的
坚强意志与决心。

4. 劳逸结合，做持久打算

发现优势和开发优势是一项长期的活动，而无论在使用意

志努力还是在习惯形成过程中，都会耗费自己的意志努力，所以建议高中生要注意劳逸结合，掌握适合自己的放松方法，注意饮食和睡眠，让自己保持旺盛的精力，充分发挥自己的优势，激发自己的潜能，逐渐提升自己的能力，坚持下去，形成习惯，逐步成为人格特征，并融会贯通。

5. 合理运用优势

假如把一枚硬币跟一枚价值几百元的金币都沉在海底，那么它们的价值是一样的，只有将这些金币捞起来去消费，才能显出它们价值的大小。同样的道理，只有当你学会运用自己的优势时，你才变得真实而有价值。在现实生活中有很多因对自己的优势或者优势潜能了解不充分而给自己设下限制的人。

人才被埋没大体上有两种情况：一种是社会埋没，另一种是自我埋没。高中生还没有涉足社会，如果没有关注自己的性格优势，不明确性格优势与美德的关系，自我埋没，很难体味人生的意义和提升幸福感。

优势只有发挥出来才有意义，所以学生可以对自己的生涯做科学的规划，多参与能发挥优势的活动，并在活动中强化自己积极的方面。此外，要注意优势陷阱，优势不足会产生自卑感，优势运用过度会带来自负感。

主题活动

主题活动一： 赞美

(一)活动目的

学会赞美他人，从他人的赞美中获得自信。

（二）活动内容

1. 热身活动：我们的 123

3 人为一个小组，按顺序叫口令，分别编为 1 号、2 号、3 号，由 1 号同学展示一个自己在童年常玩的游戏动作，当喊 1 时，大家一致做这个动作。

由 2 号同学展示一个自己现在经常玩的游戏动作，当喊 2 时，大家一致做这个动作。

由 3 号同学展示一个未来常玩的游戏动作，当喊 3 时，大家一致做这个动作。

2. 赞美

有的时候我们能看清自己的优点，但是有的时候我们自己都没有留意。在活动过程中学生需要把焦点从自己身上转移到其他人身上，特别是转移到同组成员的身上。

5～6 人为一个小组开展活动：小组成员围成圈，其中一名学生站在中央的凳子上，伸出双手，其他学生握着这名学生的手，轮流用具体的事件表达出对这名学生优点的肯定和赞美，这名学生全部接纳，最后相互拥抱。（每一名学生都有机会站在中央的凳子上，接受所有同学对自己优势的赞美，每个学生都要赞美组内成员的性格优势。）

活动结束后，先在小组内分享，然后在全班分享。

3. 共鸣圈

在共同成长的路上，看见和被看见都是幸福的。

在每一轮活动中，一名学生可以率先表达自己在这节课上的感悟（站起来），其他同学有相同感悟的，就可以站起来，大家相互观望，了解共鸣情况，然后坐下或者回到原地。之后再组织下一轮共鸣圈活动。

(三)活动总结

通过活动让学生充分思考：在别人眼中，你的优势是什么，他们说的有没有道理？你想要拥有的优势是哪些，现在已经拥有了哪些优势或积极因素(潜能)。

主题活动二：奉献

(一)活动目的

通过活动，感受奉献给人带来的温暖。

(二)活动内容

1. 热身游戏：人物大访谈

在 5 分钟内，请你快速找 1～4 名同学进行访谈，由你自己确定针对哪一名同学访谈哪项内容，要问有价值的内容，并写到自己的记录本上，请接受访谈的同学在访谈记录本里签名。

这个热身游戏可以让我们打开信息的接收通道，收获友谊。

2. 小天使活动

每名学生写下现阶段学习的状态，以及为提升学习需要的物品和条件，写好后放在一起，然后随机拿出并实施"默默奉献"(一定要有行动，而且是秘密地行动，不能被人察觉)。学生在体验自己的心理状态和思考一段时间后，一起来探究奉献这一性格优势。

3. 分享讨论

体验默默奉献的心理状态。

体验满心欢喜、心甘情愿的心理状态(游戏需要真心地付出，我们在默默为别人服务的时候，知道有人也在默默地为我们付出，真是令人高兴)。

体验开动脑筋，解决问题的过程(每个学生提出的需要都不一样)。

体验坚持、自我鼓励的过程(满足心愿是一个漫长的过程)。

体验自我肯定和激励的过程(不断出现状况,需要不断总结和反思,体验自信的建立)。

(三)活动总结

知道自己有什么优势,需要什么帮助,不但关注自己在学习活动中的优势的表现,而且根据自己的规划,发现和开发自己的优势。

主题活动三: 我的优势蓝图

(一)活动目的

了解自己和他人的优势蓝图。

(二)活动内容

1. 活动导入: 激发积极情绪, 导入研学目标

游戏:优势大风吹+抢凳子。

(1)当听到老师说"大风吹"时,学生们就问:"吹什么?"然后老师会说:"吹……(如短头发、戴眼镜)的同学。"具有该种特征的学生就要立刻做出反应,站起来更换位置并再次坐下来,没有反应或者留在原地的学生算输。减少椅子,2名输者坐在场地中间的"宝座"上。

(2)我们发现每个人都与众不同,都有自己的特点,那么在性格上我们有没有出色的一面呢?继续"大风吹"游戏,场内的2名学生每人有1次机会,说出另一名学生的"性格优势",之后找到另外2名坐"宝座"的学生。

请全体学生搬椅子回到自己的成长共同体围圈就座。

每个个体都有与众不同的性格优势。我们只有扬长避短,发现和发挥自己的优势，让自己更加快乐，更加投入，更有价值，这样才能获得幸福的人生。

2. 展示"优势"

(1)邀请 2 名坐"宝座"的学生，分别给我们讲述一个"优势故事"，来展示他们自己最出色的性格优势。关注学生的感受和收获，激励并强化学生的优势。以教师为例："'坚持'是我的一个突出优势。大家玩过拼图吗？有一幅拼图花了我两年时间，有半面墙的大小，猜一猜有多少块？这是一幅没有任何提示的3000 块拼图，我很有耐心，克服了许多困难，当我放下最后一块拼图时，我感到很满足，很有成就感。"

(2)在成长共同体内依次分享"优势故事"。

要求：成长共同体里的其中一名学生开始分享他的个人观点，接着由他左边的学生继续分享，每次只有一个人发言，发言时间不超过 1 分钟，在他人发言时全体组员要认真听。等全部组员依次发表了个人观点后，进入自由研讨时间。

3. 设计"蓝图"

(1)过渡语：每名学生都有自己独特的优势，各有各的精彩故事。美好的生活来自你每天都在应用你自己的突出优势。如何让这些性格优势帮助你自己更加快乐、投入、有意义地生活呢？让我们来当一回"人生设计师"，绘制性格优势蓝图吧。

(2)积极想象。引导学生展开想象，发现性格优势对自身的积极影响，更好地利用优势规划未来。

引导语：如果生命像一道美食，你最想要添加哪些"优势调味品"呢？请坐上时光机，我们去未来看看。深呼吸 3 次，深深地吸，慢慢地呼，让自己平静下来。慢慢闭上眼睛，坐上时光机，准备开始美妙的旅程，出发！你带上了哪些"优势调味品"？

你的突出优势是什么？

(3)拿出笔开始绘制你的性格优势蓝图，可以写，也可以画。

每个人书写或彩绘性格优势蓝图，把自己展望的美好画面呈现出来。

4. **感悟交流**

(1)请 2 名学生分享自己的性格优势蓝图，老师送出纪念品表达鼓励。

(2)以开火车的方式，邀请 4～5 名学生用一句话来分享本节课的学习感受或收获。

趣味小测试

简版性格优势问卷
(VIA Strengths Survey)

想一想过去一个月内你在以下描述的真实情境下表现如何。问题中提到的行为是绝大多数人都渴求的，希望你按照自己真实的情况选择符合自己的选项，答案无对错之分。

1. 我喜欢以不同的方式去做事情。

A. 非常符合　　　B. 符合　　　C. 不清楚　　　D. 不符合

E. 非常不符合

2. 我对世界总是很好奇。

A. 非常符合　　　B. 符合　　　C. 不清楚　　　D. 不符合

E. 非常不符合

3. 不管是什么主题，我都可以很理性地思考它。

A. 非常符合　　　B. 符合　　　C. 不清楚　　　D. 不符合

E. 非常不符合

4. 每次学新东西我都很兴奋。

A. 非常符合　　　B. 符合　　　C. 不清楚　　　D. 不符合

E. 非常不符合

5. 我做事时总会转移目标。

A. 非常符合　　　B. 符合　　　C. 不清楚　　　D. 不符合

E. 非常不符合

6. 我总能信守我的诺言。

A. 非常符合　　　B. 符合　　　C. 不清楚　　　D. 不符合

E. 非常不符合

7. 我经常在强烈的反对声中表明我的立场。

A. 非常符合　　　B. 符合　　　C. 不清楚　　　D. 不符合

E. 非常不符合

8. 我做事总会有始有终。

A. 非常符合　　　B. 符合　　　C. 不清楚　　　D. 不符合

E. 非常不符合

9. 痛苦和失望经常把我打败。

A. 非常符合　　　B. 符合　　　C. 不清楚　　　D. 不符合

E. 非常不符合

10. 我的大多数朋友都比我有想象力。

A. 非常符合　　　B. 符合　　　C. 不清楚　　　D. 不符合

E. 非常不符合

11. 其他人不经常来问我的意见。

A. 非常符合　　　B. 符合　　　C. 不清楚　　　D. 不符合

E. 非常不符合

12. 我不会很好地组织团体活动。

A. 非常符合　　B. 符合　　C. 不清楚　　D. 不符合

E. 非常不符合

13. 我老是拖拖拉拉的。

A. 非常符合　　B. 符合　　C. 不清楚　　D. 不符合

E. 非常不符合

14. 我对所有人一视同仁，不管他是谁。

A. 非常符合　　B. 符合　　C. 不清楚　　D. 不符合

E. 非常不符合

15. 我很容易感到厌倦。

A. 非常符合　　B. 符合　　C. 不清楚　　D. 不符合

E. 非常不符合

16. 我的朋友们从没有说过我是个脚踏实地的人。

A. 非常符合　　B. 符合　　C. 不清楚　　D. 不符合

E. 非常不符合

17. 在最近一个月里我自愿地帮助过邻居(或陌生人)。

A. 非常符合　　B. 符合　　C. 不清楚　　D. 不符合

E. 非常不符合

18. 我会把自己完全投入我所做的事里。

A. 非常符合　　B. 符合　　C. 不清楚　　D. 不符合

E. 非常不符合

19. 我的生命没有目标。

A. 非常符合　　B. 符合　　C. 不清楚　　D. 不符合

E. 非常不符合

20. 我很少停下来想想自己有多幸运。

A. 非常符合　　B. 符合　　C. 不清楚　　D. 不符合

E. 非常不符合

21. 在友情和其他人际关系中(如亲子、师生关系等)，我有时没经过仔细考虑就做决定。

A. 非常符合　　B. 符合　　C. 不清楚　　D. 不符合

E. 非常不符合

22. 当人们称赞我时，我常会转移话题。

A. 非常符合　　B. 符合　　C. 不清楚　　D. 不符合

E. 非常不符合

23. 我总是不再追究别人的错误。

A. 非常符合　　B. 符合　　C. 不清楚　　D. 不符合

E. 非常不符合

24. 如果我不喜欢这个人，我很难公平地对待他。

A. 非常符合　　B. 符合　　C. 不清楚　　D. 不符合

E. 非常不符合

25. 我不太习惯接受别人对我的爱。

A. 非常符合　　B. 符合　　C. 不清楚　　D. 不符合

E. 非常不符合

26. 我很少会为自己想要的东西制订周详的计划。

A. 非常符合　　B. 符合　　C. 不清楚　　D. 不符合

E. 非常不符合

27. 我总是说谢谢，即使是为很小的事。

A. 非常符合　　B. 符合　　C. 不清楚　　D. 不符合

E. 非常不符合

28. 在过去的这个月里，我曾被音乐、艺术、戏剧、电影、运动、科学或数学等领域的某一个方面感动。

A. 非常符合　　B. 符合　　C. 不清楚　　D. 不符合

E. 非常不符合

29. 我常常谈论自己的成就。

A. 非常符合　　　B. 符合　　　C. 不清楚　　　D. 不符合

E. 非常不符合

30. 我避免参与有危险的活动。

A. 非常符合　　　B. 符合　　　C. 不清楚　　　D. 不符合

E. 非常不符合

31. 我总喜欢劳逸结合。

A. 非常符合　　　B. 符合　　　C. 不清楚　　　D. 不符合

E. 非常不符合

32. 我的节食计划(或其他计划)总是虎头蛇尾,半途而废。

A. 非常符合　　　B. 符合　　　C. 不清楚　　　D. 不符合

E. 非常不符合

33. 我可以让人们为了共同的目标而努力,而且不必反复催促。

A. 非常符合　　　B. 符合　　　C. 不清楚　　　D. 不符合

E. 非常不符合

34. 有仇不报非君子,总要报了才甘心。

A. 非常符合　　　B. 符合　　　C. 不清楚　　　D. 不符合

E. 非常不符合

35. 在需要顾及团体的利益而放弃自己想要的东西时我总会犹豫。

A. 非常符合　　　B. 符合　　　C. 不清楚　　　D. 不符合

E. 非常不符合

36. 我总是看到事物好的一面。

A. 非常符合　　　B. 符合　　　C. 不清楚　　　D. 不符合

E. 非常不符合

37. 我可以控制我的情绪。

A. 非常符合　　　B. 符合　　　C. 不清楚　　　D. 不符合

E. 非常不符合

38. 为了集体，我会尽最大的努力。

A. 非常符合　　　B. 符合　　　C. 不清楚　　　D. 不符合

E. 非常不符合

39. 我不容易感觉到别人的感受。

A. 非常符合　　　B. 符合　　　C. 不清楚　　　D. 不符合

E. 非常不符合

40. 一年里，我没有创造出任何美的东西。

A. 非常符合　　　B. 符合　　　C. 不清楚　　　D. 不符合

E. 非常不符合

41. 在生活中，有很多人关心我的感觉和幸福，就像关心他
们自己一样。

A. 非常符合　　　B. 符合　　　C. 不清楚　　　D. 不符合

E. 非常不符合

42. 我容易匆忙地做出决定。

A. 非常符合　　　B. 符合　　　C. 不清楚　　　D. 不符合

E. 非常不符合

43. 我从来不会特意去参观博物馆或其他有教育性质的
场所。

A. 非常符合　　　B. 符合　　　C. 不清楚　　　D. 不符合

E. 非常不符合

44. 看事情时我总可以看到大局。

A. 非常符合　　　B. 符合　　　C. 不清楚　　　D. 不符合

E. 非常不符合

45. 不论什么样的社会场合我都能轻松愉快地融入进去。

A. 非常符合　　B. 符合　　C. 不清楚　　D. 不符合

E. 非常不符合

46. 我对别人的好运不像对我自己的好运那样激动。

A. 非常符合　　B. 符合　　C. 不清楚　　D. 不符合

E. 非常不符合

47. 我很少说好玩的事。

A. 非常符合　　B. 符合　　C. 不清楚　　D. 不符合

E. 非常不符合

48. 我的生活有重要的目的。

A. 非常符合　　B. 符合　　C. 不清楚　　D. 不符合

E. 非常不符合

【说明】

性格优势，即积极心理品质，是指个体在先天素质和后天环境教育的基础上形成的相对稳定的正向心理特质，是个体内在力量与潜能实现的基础。

包括6大美德24个优势，每个优势均有两个相应的问题，对应题号依次如下。

一、智慧

1. 创造力：1，10（独创性、原创力，善于想出新的方法解决问题）。

2. 好奇心：2，15（兴趣、寻求新奇、对体验开放，喜欢探索和发现）。

3. 开放性思维：3，42（判断力、批判性思考，乐于从不同的角度思考一个问题）。

4. 好学：4，43（热爱学习，乐于求知，善于学习）。

5. 洞察力：44，11（有智慧、洞察力，能透过现象看本质）。

二、勇气

6. 正直：6，16（诚实）。

7. 勇敢：7，9（有勇气、意志坚定，遇到挑战不退缩）。

8. 毅力：8，5（有毅力、勤奋，在遇到困难时仍能坚持下去）。

9. 热情：18，13（富有激情、有能量，对待生活充满活力和积极投入）。

三、仁爱

10. 善良：17，46（慷慨，喜欢帮助别人）。

11. 爱与被爱的能力：41，25（能与别人、社会和自然发展密切的关系）。

12. 社交能力：45，39（社会智能、情商）。

四、正义

13. 公平：14，24（一视同仁，做事公正合理）。

14. 领导力：33，12（负责任，积极推动事情发展）。

15. 合作：38，35（参与团队行动，支持身边的人）。

五、节制

16. 宽恕：23，34（宽恕包容，能原谅犯错的人）。

17. 谦逊：22，29（不骄傲于自己的成就）。

18. 谨慎：30，21（审慎，有自制力，不冲动）。

19. 自律：37，32（自我规范、控制）。

六、自我超越

20. 对美和卓越的欣赏：28，40（卓越、敬畏，追求美好的事物）。

21. 感恩：27，20（对生活中美好的事物充满感恩，感激所有）。

22. 希望：36，26（乐观自信，对未来抱有希望，期待美好事物的发生，并愿意为此付出努力）。

23. 幽默：31，47（游戏感，看到生活有趣的一面，让人感觉轻松）。

24. 信仰：48，19（有目标、有信念）。

【计分】

每个问题均有 5 个选项，其中每个优势的第一道题计分为：

A. 非常符合（5 分）

B. 符合（4 分）

C. 不清楚（3 分）

D. 不符合（2 分）

E. 非常不符合（1 分）

每个优势的第二道题计分为：

A. 非常符合（1 分）

B. 符合（2 分）

C. 不清楚（3 分）

D. 不符合（4 分）

E. 非常不符合（5 分）

将每个优势所包括的两道题目的分数相加，即为该优势的得分。一般来说，你会有五项或少于五项得到 9 分或 10 分，如果越运用它们你的情绪越激昂而不是越疲倦，那么它们就是你的突出优势。

▤ 课后任务

　　完成本学期个人成长作业，学以致用，落实到行动中去。选取自己突出的性格优势，完善性格优势蓝图，用文字、思维导图或图画来描述。充分发挥优势，让自己的学习和生活更加快乐、有意义。

第十四课

责任铸就未来

🔍 问题导入

周恩来出生于 19 世纪末年。当时的中国，面临内忧外患，遭受列强欺凌和封建统治的双重压迫。少年时代，周恩来在沈阳东关模范学校就读时，一次修身课上，当老师提出"读书为了什么"时，周恩来回答："为了中华之崛起。"青年时代，他东渡日本，探寻救国救民真理，回国后积极投身五四爱国运动，探索中国社会的出路。周恩来为中国人民解放事业和社会主义革命与建设事业鞠躬尽瘁，他的崇高品德和光辉人格，丰碑似地屹立在中国共产党和中华民族的历史上，深深地铭记在中国各族人民的心中。

(1)"国家兴亡，匹夫有责。"周恩来的光辉革命生涯体现的正是这样的品德，你如何看待这种品德？

(2)请你说一个你所知道的具有优秀品德的人的故事。

参见周恩来纪念馆：追寻与景仰——周恩来生平业绩陈列展览图集，北京，中央文献出版社，2013。

🔗 **知识导航**

一、在中国传统文化中对责任的理解是什么呢？

责任是道德的核心，翻开中国厚重的历史，孔子的"己所不欲，勿施于人"、孟子的"达则兼济天下"、范仲淹的"先天下之忧而忧，后天下之乐而乐"等，无不彰显着先哲圣人对国家与民族的崇高责任感。

(一)《周易》中的责任文化——自觉地承担道义的责任

《周易》中的责任文化主要表现为对道德原则的思考。《周易》所确立的责任伦理道德原则以社会整体和谐为目的，强调人的道义责任，把目的与道义、动机与效果、原则性与灵活性等不同的方面综合为一个整体，对中国伦理思想产生了极为深远的影响。

(二)《论语》中的责任文化——"义利合一"

《论语》中的责任文化首先表现在它所宣扬的义利观。"义利合一"源自孔子一直强调的"义以为质"，这里的"义"可理解为道义，即天下大道，其实也就是回报社会、造福人类的责任与义务。《论语》中的责任文化其次表现在"权"与"时"的思想上，即它既有崇高的理想，又能够面对现实，能够将信念与责任有机地结合在一起。孔子不仅坚守着崇高的道德信念，而且有着忧国忧民的忧患意识。

(三)《老子》中的责任文化——自觉履行人对自然的伦理责任

《老子》中的责任文化主要体现为以自然对现实事物的贯通方式去体悟自然。老子的责任伦理主要是通过对万事万物本真的自然遵循达到的，所履行的责任伦理就是自然。

二、我国基础教育、课标、核心素养对责任的阐述

早在 2004 年 9 月，《中共中央关于加强党的执政能力建设的决定》就曾提出："增强主人翁意识和社会责任感"。党的十九大报告强调："深入实施公民道德建设工程，推进社会公德、职业道德、家庭美德、个人品德建设，激励人们向上向善、孝老爱亲，忠于祖国、忠于人民。""推进诚信建设和志愿服务制度化，强化社会责任意识、规则意识、奉献意识。"党的二十大报告再次强调："提高全社会文明程度。实施公民道德建设工程，弘扬中华传统美德，加强家庭家教家风建设，加强和改进未成年人思想道德建设，推动明大德、守公德、严私德，提高人民道德水准和文明素养。""在全社会弘扬劳动精神、奋斗精神、奉献精神、创造精神、勤俭节约精神。"

高中教育是基础教育的最高学段，是高等教育的前阶和入口。高中生群体的素质与水平如何，必将极大地影响和决定着未来各级各类人才的状况。为适应时代发展的需要，高中政治课新课标提出：要关注学生的情感、态度和行为表现。建构实践性、开放性的生活化课堂，引领学生在认识社会、适应社会、融入社会的实践活动中，感受知识的价值和意义。可见，加强高中生社会责任感教育，既是实施高中政治课新课标的必然要求，也是高中政治课教学的重要目标之一。

面对经济全球化、科学技术迅速发展的大趋势，人们对责任感的要求越来越高。当前高中生出现的种种问题，大都与责任意识缺失有密切关系。因此，培养高中生的责任意识，使他们成长为负责任的公民，是道德教育的当务之急。学校是德育教育的主阵地，从增强学校德育工作实效的角度，应该多形式、多渠道培养学生的责任感，努力探索可行的、有效的责任感培

养模式，激发学生个体内在的心理需求，为培养真正的高素质人才开辟有效途径，有利于积极推进社会主义精神文明建设，促进和谐社会的发展，实现巨大的经济价值和社会价值。责任感培养是一个有现实针对性，有助于高中生全面健康发展的重要课题。

三、高中生的责任感

高中生的责任感是以社会道德价值为主要评价标准，对其行为所导致的后果主动承担责任和履行义务的自觉态度与意识。依据责任的不同指向划分，责任感可分为自我责任感、家庭责任感和社会责任感。其中，自我责任感是一切责任感的根基，是个体把自己当作客体来认知，对自己的身心健康、思想品德的发展等形成正确的认知，并积极追求自我完善。家庭责任感是个人在履行家庭义务、内化家庭角色、承担家庭责任的过程中形成的一种社会性品质。社会责任感是指个人或组织对应履行的社会义务、应承担的社会责任的道德认知与价值自觉，以及践行社会责任、乐意奉献的道德情感和行动准备，其中社会责任感又分为对他人的责任感、对集体的责任感、对国家的责任感和对环境的责任感，责任感的培养有助于促进高中生健康成长，促进学校教育科学发展，促进社会和谐进步。

目前，部分高中生存在自我责任感弱化、家庭责任感淡化、社会责任感淡薄、责任认知与责任行为不统一等问题，其原因包括高中生的身心发展不成熟、学校教育管理的缺失、家庭道德教育的不到位、社会环境的不良影响等。在提升高中生的责任感的过程中，应遵循的原则包括主体性原则、实践性原则、渗透性原则、层次性原则，并通过建立高中生责任感培养教育管理机制，开展多种教育活动，增强学生自我教育的意识，通过校园文化建设和学科教育等途径来加强高中生的责任感。

总的来说，在明确和接受自身角色的前提下，责任既包括认识到自己分内要做的事情，也包括因没有做好分内的事情而应承担的过错。高中生要成为一名有责任心、勇于承担责任的人，就特别需要勇气和毅力，离不开与他人的团结协作。责任感这个品德素养不是天生的，而是后天培养的，表现在生活和学习的各个方面，其中积极学习、积极备考也是对自己责任心的培养和历练。

主题活动

主题活动一： 认识责任感的含义

(一)活动目的

责任感反映一个人的精神境界和思想品德，是刻苦学习、努力攀登的强大动力，是不懈奋斗、追求卓越，将才学奉献给社会的重要保证。责任感及其培养已受到全世界的普遍关注。然而，从学生的日常行为来看，不少学生缺乏对自己、他人以及班集体的责任感。因此，懂得责任感的内涵，才能更好地成为一个有道德情操的人。

引导学生明确"新三好"的责任意识，培养学生从现在做起、从身边的事情做起、从一点一滴做起，做一个有责任心的人。

(二)活动准备

设计调查问卷并提前一天在授课班级内开展问卷调查，统计学生的责任意识和行为现状，将调查结果融入活动内容中。

(三)活动过程

1. 分享故事

什么是责任呢？首先，通过两个故事，我们来思考一下责任的含义。

第一个故事：

一名公交司机在行车途中突发心脏病，在生命的最后一分钟里，他做了三件事：把车缓缓地停在马路边，用最后的力气拉下了手动刹车闸；把车门打开，让乘客安全下车；将发动机熄火，确保车、乘客和行人的安全。

做完三件事后，他趴在方向盘上停止了呼吸。这名司机叫黄志全。因为他对社会承担的责任，人们永远记住了他的名字。

第二个故事：

1920年，有个11岁的美国男孩在踢足球时不小心打碎了邻居家的玻璃，邻居向他索赔12美元，在父亲的开导下，这名男孩勇敢地承认了自己的错误，并借了父亲的钱赔给人家。接着，男孩用课余时间辛苦打工，直到挣足了钱还给父亲。

许多年以后，这个男孩成为美国总统，他就是里根。后来，他在回忆录中记录了这个故事，他说："通过自己的劳动来承担过失，使我懂得了做人要担当起责任。"

2. 活动思考：听了两个故事，你有什么感悟？

(1)一名普普通通的公交司机被人们永远铭记，一个调皮的小男孩最终成长为美国总统，是什么让我们觉得他们伟大？（责任。)第一则故事告诉我们，什么是责任？（做好分内应做的事。)

(2)第二则故事告诉我们，什么是责任？（勇于承担过错。)

(四)活动讨论

(1)在我们身边，你觉得哪个同学的责任感最强？让我们一起分享能体现他勇于承担责任的故事。

(2)人无完人，我们只能争取更加优秀。你认为自己在哪些方面能更好地体现自己的责任意识？

(五)活动总结

"新三好"的标准，即在校做个好学生、在家做个好儿女、在社会做个好公民。让我们明确"新三好"的责任意识，从自身做起，从小事做起，为塑造自己的高尚品德努力吧！

主题活动二： 做一个有责任心的人

(一)活动目的

由于父母的溺爱，一些学生任性、以自我为中心；在学校则表现为：做事缺乏责任心，对他人、集体漠不关心。因此，教师希望通过主题班会的责任教育，培养学生形成对责任感的正确认知，增强学生的责任意识。

(1)让学生懂得什么是责任，如何做一个有责任心的人。

(2)教育学生做事应有责任意识，认真负责，勇于承担。

(3)通过活动让学生感受责任心的重要性，增强责任意识，学会对自己、他人、集体和社会(国家)负责。

(二)活动准备

(1)学生注意观察身边同学做事负责与不负责的事例，排演成情景剧。

(2)各小组收集相关的名人名言。

(3)分工准备：选定主持人、寻找视频素材、编写责任心小测验等。

(三)活动内容

1.集体责任

(1)主持人发言：在一个班集体中，大家都是集体的主人，应该有当家做主的精神，要意识到自己的责任，自觉为班集体建设承担自己的一份责任和义务。这样我们每一个人在集体中的存在价值才能充分体现出来。那么，怎样才能做一个有责任心的人呢？

（2）观看生活情景剧《谁负责》并讨论。

初为班长的小林，对工作认真负责，有热情，但同学中一些不负责任的现象让他烦恼。一天早上，小林刚回到教室就看见自己的好朋友和几个同学在吃早餐，他上前阻止这种现象，却不被理解，委屈无处倾诉。一天中午放学后，同学们懂得关好门窗，却对管理员忘记关投影屏幕视若无睹。班主任和小林从办公室回来后关了投影屏幕，离开时，似有所悟。

看完了这个精彩的小品，相信大家肯定有许多感受要表达（注意幻灯片的放映）。

请出几个学生进行点评，并谈谈自己能为班级做些什么（幻灯片展示，为全班同学提供对照）。

①对于力所能及的事，积极完成；对于力所不能及的事，尽自己努力完成。

②积极参加校运会或做后勤工作。

③认真学习，不拉低班级平均分。

④在学习上能帮助同学的尽量帮助，多为班集体出谋献策。

⑤遵规守纪，认真做好每一件事。

⑥更好地发挥带头作用，敢为人先，带动班集体积极向上。

⑦互相帮助，共同进步，形成团结友爱的班风。

（3）小结（主持人朗读，用幻灯片展示）。

新的生活，新的学习，新的征程，应首先从爱我们的集体开始。让别人因为我们的存在而感到幸福！

2. **家庭责任**

(1)主持人发言：我们既然是家庭的一员，就应当在享受家庭幸福生活的同时，分担家庭的困难，承受生活和学习的压力，这样才能正确地对待人生，磨炼自己坚毅的性格和不屈不挠的拼搏精神，发奋图强。下面请欣赏视频《我们这一家》，我们看看主人公在家里的表现是怎样的。

(2)学生看小品并讨论。

在一个普通的小家庭里，一家四口——爸爸、妈妈、长女和小儿子。妈妈平时唠唠叨叨；爸爸则是个沉默寡言、我行我素的上班族；长女是个爱做白日梦的高二女生，对自己的学习并不上心；小儿子常常对妈妈和姐姐的行为感到无语。

主持人引导学生想一想：每个家庭成员做得好不好？我应为家庭做些什么？已经做了些什么？还能做些什么？

3. **自我责任**

(1)主持人发言：什么是自我责任？就是对自己负责，对自己的生存和发展承担责任。如何才能肩负起人生的自我责任？接下来先看一个故事。

乔治做了一辈子的木匠工作，并且以其敬业和勤奋深得老板的信任。年老的乔治对老板说，自己想退休回家与妻子儿女享受天伦之乐。老板十分舍不得他，再三挽留，但是他去意已决，不为所动。老板只好答应他的请辞，但希望他能再帮助自己盖一座房子。乔治自然无法推辞。但乔治已归心似箭，心思全不在工作上了，用料也不那么严格，做出的活也全无往日的水准。老板看在眼里，但也没说什么。等到房子盖好后，老板将钥匙交给了乔治。"这是你的房子。"老板说，"这是我送给你的礼物。"老木匠愣住了，悔恨和羞愧溢于言表。他这一生盖了那么多华亭豪宅，最后却为自己建了这样一座粗制滥造的房子。

（2）主持人引导学生发言：故事中的主人公犯了一个什么错误？从中你可以得到什么启发？作为一个学生我们该如何对自己负责？

（3）学生回答问题并说出自己的感想后，主持人口头小结：第一是自理，即自己管理、照顾好自己，不要依赖别人；第二是自尊，即自己尊重自己；第三是自爱，即爱惜自己的名誉，珍惜自己的生命，爱护自己的身体，保护好自己；第四是自信，即自己相信自己，相信自己的能力，相信"天生我材必有用"；第五是自强，以顽强的意志来面对学习和生活上的各种困难。

4. 责任心小调查

主持人引导学生发言：通过今天的主题活动，相信大家对自己有一个更深的了解，下面推荐同学谈谈自己的体会。

主持人总结

新中国成立以来我国取得了举目瞩目的成就，我们高中生同样肩负着新时代的使命和责任，承载着国家的未来和民族的希望。时代在呼唤着我们，有志青年应努力为祖国的振兴、民族的腾飞做出自己的一份贡献，肩负起我们的责任，从点滴做起，落实到行动上。生命让我们隆重登场，责任让我们璀璨生光！

教师总结

俄国大文豪托尔斯泰曾经说过："一个人如果没有热情，他将一事无成，而热情的基点正是责任心。"因此，责任感是一个人日后能够立足于社会、获得事业成功与家庭幸福的至关重要的人格品质。作为有志青年首先要认清自己的责任，以行动证明自己是一个敢于担当、值得信赖的人。在家做一个好儿女，在校做个好学生，在外做个好公民。在当下就是要把握时机，珍惜时光，努力学习，提升能力和素质。

课后任务

（1）阅读《平凡的世界》。

（2）开列个人责任清单。

第十五课

人无诚信不立

🔍 **问题导入**

　　出租车司机臧师傅是一名夜班司机。在 2018 年 8 月 8 日晚上 11 点多的时候，他查看自己的手机，突然发现自己的营收记录存在异常，多了整整 10928 元。臧师傅立刻想到，之前有一笔 28 元的生意。当时这名男乘客是从莲花新城上的车，到省第二中医院。这段路程所产生的车费实际上只有 28 元。可是，这名男乘客却支付了多于实际车费的 390 倍。

　　臧师傅说，这名乘客身高 1.7 米左右，四五十岁，中等身材，看样子是喝多了酒。到地方付钱时，这名乘客在扫码时扫了一遍又一遍。由于微信的隐私设置，臧师傅联系不上这名乘客。

　　面对这份意外之财，臧师傅毫不动心，主动寻找这名男乘客。接到臧师傅的求助后，记者首先想到求助于警方，看看通过臧师傅提供的些许信息，能否找到这名粗心的乘客。

　　8 月 11 日，这名粗心的乘客在看到报道之后，主动联系了臧师傅。早晨，臧师傅等来了一条手机留言，乘客留了电话，臧师傅就打电话给这名乘客，把钱转给了他。

　　这名乘客说："因为那天晚上跟几个同学在一起喝多了酒，

点错了，多支付的钱返回给我了，很感谢。"

臧师傅在南京东方出租车公司开车，承包合同下个月就到期了。尽管如此，东方出租车公司还是决定对臧师傅予以表彰并给予奖励。

谈谈你对诚信的理解。你如何评价臧师傅的诚信行为？请说一个你所知道的体现优秀诚信品德的故事。

🔗 知识导航

一、中华传统文化中的诚信解读

"诚信"一词最早见于《管子·枢言》，从语源上来说，则来自"诚"和"信"两个单字。由于中国传统诚信观十分注重将"信"与"诚"联系在一起，强调诚则生信，无诚则无信，力求避免无"诚"之"信"，因此，对于"诚""信"两个字在中国传统文化中的理解，本意上是相同的。

二、核心素养中的诚信解读

六大核心素养重视学生的社会参与，重在强调学生要能够处理好自我与社会的关系，养成现代公民所必须遵守和履行的道德准则与行为规范，增强社会责任感，提升创新精神和实践能力，促进个人价值的实现，推动社会发展进步，努力发展成为有理想信念、敢于担当的人，而诚信是对人类的普遍道德要求，是中华民族的传统美德，是培育和践行社会主义核心价值观的重要内容。诚信的要义是真实无欺不作假、真诚待人不说谎、践行约定不食言。

三、高中阶段的诚信解读

人的社会化，不仅要学习和掌握社会生活所必需的知识与技能，而且要学习社会交往的规则。其中，遵循不说谎、说话算数等诚信规则，则是每个人早期接受的规则教育之一，是对高中学生诚信价值观的实践要求。

(一)诚实劳动

诚信绝不只是单纯的守约与履约问题，更是劳动创造的态度和品德问题。诚信要求人们在认识、改造自然和社会的活动中，尊重客观事实不作假，不投机取巧、偷奸耍滑。如果说劳动创造世界，那么，只有诚实劳动才能创造出提升人们生活品质和增强人们幸福感的美好世界。

(二)真诚待人对己

诚信要求人们在社会交往中诚实不骗人、不自欺，反对虚伪和欺骗。因此，诚信是忠于本心、真实无偿、信守承诺的态度和品行。按照真实要求为人做事，即为人实在、实诚，才会有好的工作作风和社会风气；人们唯有信守约定、践行承诺，才会心里踏实有安全感、彼此信任有幸福感。

(三)恪守诺言和约定

诚信要求人们遵守诺言、契约，反对毁约和违背诺言的行为。这里所说的诺言和约定，既包括由人们自己承诺而需要承担的特定权利和义务，也包括国家法律、法规、政令、规章制度等规定的普遍权利与义务。

主题活动

主题活动一： 培养诚信观念

(一)活动目的

通过活动，使诚实守信之风走进校园，深入学生的心底，培养学生的诚信意识，增强自觉性，进而树立正确的道德观。培养学生从现在做起，从自我做起，努力提高自己的道德修养，做一个诚实守信、正直无私、自律自强的好学生，为自己奠定终身廉洁做人的品德基础。

(二)活动准备

收集古今中外有关廉洁自律的故事。

(三)活动内容

1. 故事引入， 强化诚信意识

我们的祖国是一个有着悠久历史、灿烂文化的大国。中华民族是一个诚实守信、勤俭节约、正直无私、自律自强的民族。古往今来有多少清廉的干部，俭以养德，廉以立身，为国为民，流芳百世。

讲述故事《两袖清风的于谦》。

于谦 24 岁中进士，不久就担任了监察御史，明宣宗很赏识他的才能，于是就提升他为河南、山西巡抚。于谦尽管身居高官，但仍过着非常俭朴的生活。

明宣宗去世以后，9 岁的太子朱祁镇继位，史称明英宗。宦官王振专权，官僚作威作福。一时间，举国上下出现了贪污腐败的混乱局面。于谦看不惯王振专擅朝政，从不逢迎他。为此，王振对于谦非常嫉恨。

当时，地方官要进京朝见皇帝办事，必须得先贿赂朝中权贵，否则寸步难行。于谦从外地回京时，他的幕僚建议他买些土特产孝敬京城权贵。于谦听后，非常生气。他甩了甩两只宽大的袖子说："我就两袖清风！这就是我最好的礼物！"并为此作诗述志，写下了流传千年的名句："绢帕蘑菇与线香，本资民用反为殃。清风两袖朝天去，免得闾阎话短长。"

2. **交流感悟**

听了上面的故事,你有什么感悟?你还知道哪些这样的故事?讲给大家听一听(如司马迁拒礼、周恩来无私奉献、包拯刚正不阿……)

3. **联系生活, 辨析行为**

下面的做法对吗?为什么?

班级图书角的书我很喜欢,但我不能把它带回家。( )

老师用来奖励的奖章就放在讲台上,我表现不好,也自己上台去拿一个。( )

今天是我做值日班长,我给自己多发奖章。( )

今天是我的好朋友做值日班长,我偷偷地要他多发奖章给我。( )

又轮到每月的班干部选举了,我事先叫好朋友都投我的票。( )

我对学习好的同学犯错从来不管,如果学习差的同学犯错,我就告状。( )

4. **活动巩固, 升华情感**

举行拍卖会活动

(1)宣布竞价规则:假定每个同学手上都有 500 元,最高价买断者得到某种品质。

(分别拍卖:第一项品质是自信,底价为 50 元;第二项品质为诚信,底价为 100 元。)

(2)学生竞价。

(3)请出价最高者说说为什么购买诚信这一品质。

(四)活动总结

一个有诚信的人,面容上有自尊,目光里有自信,行动中有把握，生活中有朋友。愿诚信的种子撒满每个心的空间；愿廉洁之花开遍大地。让我们做一个诚实守信、堂堂正正的人，相信在今后的生活、学习中一定能看见同学们用实际行动更好地实现自己的诺言。

主题活动二： 做一个诚实守信的人

（一）活动目的

认识到诚实守信品质的重要性以及做一个诚实守信之人的必要性。学会做一个诚实守信的人，达到以下目标。

1. 认知

（1）知道诚实守信的基本含义。

（2）懂得诚实守信是中华民族的传统美德，做人要诚实守信。

（3）懂得现代社会更需要诚实守信。

2. 情感

（1）愿意做诚实守信的人，鄙视虚假和不守信的行为。

（2）对自己不诚实和不守信用的行为感到不安与歉疚。

3. 行为

（1）努力做到说话和做事实实在在、表里一致。

（2）做到学习、评比、竞赛不弄虚作假，考试不作弊。

（3）做到承诺时要实事求是、讲原则，做出承诺后要努力兑现。

（二）活动准备

（1）让学生在日记中谈谈自己对诚信的认识和如何遵守诚信。

（2）利用活动课的时间查找并摘录有关"诚实""守信"的谚语

及故事。

(3)给每人印发一首小诗。

(4)"诚实、守信，做文明学生"倡议书一份。

(5)制定"诚信公约"。

(三)活动过程

1. 班长主持

(1)学生交流一些关于"诚实""守信"的谚语。

竹要空心，人要实心。

人而无信，不知其可也。

如果要别人诚信，首先自己要诚信。

虚伪的真诚，比魔鬼更可怕。

人背信则名不达。

失足，你可能马上复站立，失信，你也许永难挽回。

唯诚可以破天下之伪，唯实可以破天下之虚。

进学不诚则学杂，处事不诚则事败，自谋不诚则欺心而弃己，与人不诚则丧德而增怨。

(2)部分同学讲关于诚信的故事。

曾宪梓在勤俭节约、待人以诚的同时，更信守承诺。20世纪60年代末期，当曾宪梓还在做泰国丝领带生意的时候，位于香港中环的龙子行是当时中等偏上的百货公司之一，也是曾宪梓早期的重要客户。有一次，曾宪梓因为急着要去泰国订购泰国丝领带原料，临行前给龙子行订购泰国丝领带的经理报了价，对方也及时预订了20打领带。不过因为时间关系，双方当时都没有签订合同，只是限于口头协议。当曾宪梓在泰国进货的时候，发现泰国丝的价格已涨，如果按照自己原来的报价将领带卖给龙子行，就意味着这笔生意会亏本。但曾宪梓想到做生意最关键的是"执事以信"，宁可自己亏本，也要坚守信诺。虽然前后的价格已经大有不同，但是曾宪梓还是按照当初口头协议的价格，将领带卖给他们。龙子行的经理十分佩服曾宪梓诚实可信的经商作风，因为曾宪梓在为六口之家的生存奔波的日子里，能够做到信守诺言，是非常不容易的。这以后，大家相互合作，十分信赖、十分默契。

1835 年，摩根是一家名叫"伊特纳火灾"的小保险公司的股东之一。天有不测风云，纽约突发了一场特大火灾，该公司的股东们一个个慌了手脚，纷纷表示要退股，只有摩根斟酌再三，决定卖掉自己苦心经营多年的旅馆，低价收购大家的股份，又通过别的融资渠道，很快将十多万美元的保险金凑齐返还给了投保人。一时间，公司声誉鹊起。已濒临破产的摩根此时只有一个空空的公司了，他打出广告：本公司为偿付保险金已竭尽所能，从现在开始，再投本公司的保险，保险金将加倍收取。奇迹发生了，更多的人纷纷来到这家高额收取保险金的小公司投保。不久，摩根不仅将自己原来的旅馆买了回来，还净赚了十多万美元。这位摩根就是后来主宰美国华尔街金融帝国的 J. P. 摩根的祖父，是美国亿万富翁摩根家族的创始人。

（3）主持人小结。

指出"诚实""守信"对人们的成长和成功都极其重要。一个人能够勇敢地正视自己的错误，则是向成功和文明迈出了一大步。

2. 老师讲述故事

曾子的夫人到集市上去赶集，见孩子哭着也要跟着去就对他说："你先回家待着，待会儿我回来杀猪给你吃。"曾子的夫人到集市上回来，就看见曾子要捉猪去杀。她就劝阻他说："我只不过是跟孩子开玩笑罢了。"曾子说："这可不能开玩笑啊！孩子不知道你在和他开玩笑。孩子没有思考和判断能力，要向父母亲学习，听从父母亲给予的正确的教导。现在你在欺骗他，这就是教育孩子骗人啊！母亲欺骗孩子，孩子就不会再相信自己的母亲了，这不是教育孩子的正确方法啊。"于是曾子把猪给杀了，煮了之后把猪给孩子吃掉了。

设问：(1)听了这个故事你有什么感受，和大家分享一下。(2)假设曾子没有杀猪取信，会造成什么影响？

(四)活动总结

诚实守信是一种美德，诚信是做人的一种品质，是职业道德的根本，是个人成就事业的根基。作为新时代的青少年，在学好文化知识的同时，还应培养诚实守信的思想品质。诚实的意义和价值并不是别人对你形成的看法，并不在于别人说你是不是一个诚实的人，最重要的是，诚实是我们做人的基本准则。做人诚实是要对得起自己，对得起别人，对得起天地良心，这就是诚实的价值。要想做到诚信，就要从生活中的点点滴滴的小事做起。希望同学们能牢记这一点，在今后的学习生活中，处处做到诚信，为将来的人生道路打下坚实的基础。

在活动最后，班长带领全班同学宣读"诚实、守信，做文明学生"倡议书。

⚙ 拓展延伸

说出我们的心声——关于诚信的演讲稿

所谓诚信，就是指诚实守信，表里如一，言行一致。

　　我国古代的大教育家、哲学家、思想家孔子曾经以言警世：
"人而无信，不知其可也。"明代学者也有这样的表述："身不正，
不足以服；言不诚，不足以动。"就是说，行为不正的人，不被
人信服；言语不诚实的人，不必与他人共事。

　　一个诚信的人，是一个胸怀坦荡的人，是一个有高尚品德
的人。"无诚则无德，无信事难成。"在社会主义文明高度发展的
今天，诚信品质尤为重要。

　　诚信是一个国家、一个社会、一个民族生存的必备条件。
一个国家政权的真正强大，并不完全取决于财政收入，也不完
全取决于军队的力量，而是取决于社会的品质。诚信的社会品
质，是一个民族强大的动力源泉。高尚的品格是一个国家和民
族的魅力所在，是一个国家和社会走向强大的理由。

　　诚信是对世人的一种考验。有的人不能通过这场考验，逃
匿了；也有的人通过了这场考验，戴上了桂冠。逃匿的人随着
时间的消逝而消逝，没留下些什么；通过的人也会消逝，但他
们仍活在人们的心中，人们会把他抬举得很高很高。

　　诚信是道德建设的根本，也是非常宝贵的资源。社会之所
以成为一个整体，诚信起着重要的作用。缺少了诚信这种宝贵
的资源，人们的能力、智慧、正直、善良就难以维护，这个社
会、这个人也就缺少了存在和发展的空间。

　　试想，如果社会缺失了诚信，每个成员都将生活在恐惧、
步履小心的怀疑境地：早上起床吃早餐你会问，牛奶是不是病
奶牛产的？包子里面的肉是否可靠？听到某著名公司产值大增
的新闻报道，你不禁要问是媒体虚假宣传还是公司的战略浮夸？
去银行存钱，营业员把你递的钱从验钞机里过了一遍又一遍，
看是否有假币；去超市买东西，你对找给你的钱看了又看，担

心遭到暗算……

"人不信于一时，则不信于一世。"诚信对于一个人而言，有时候与眼前利益相斥，很多人不能用长远的眼光来看待诚信，实际上，诚信只有一次，只要你有一次丧失了诚信，你的信任度就会下降，甚至还会出现信任危机。

然而，在我们身边却有缺失诚信的事情发生：如在日常生活中，在约定时间的情况下迟到、欺骗老师或家长、考试作弊、乱拿他人物品等；在社会生活中，卖东西缺斤少两或售卖假货、恶意举报、借钱不还、媒体报道不实新闻等。上述这些行为，都是缺失诚信的表现。同学们要谨言慎行，做诚实守信的文明学生。

"重诺守信，人必近之；狡诈欺蒙，人必远之。"我们应该远离尔虞我诈、圆滑世故，多一份真诚，多一点信任，脚踏一方诚信的净土，浇灌出人生最美丽的花朵。愿我们所有的人都把诚信之心携带在人生的道路上，让诚信的人生散发出金子般的人格光芒，夯筑起人生坚不可摧的铜墙铁壁！

🌱 趣味小测试

请从以下表述中选出最符合你实际情况的选项。

1. 当我的好朋友在炫耀他得到的精美的生日礼物时，我会（　）。

A. 很嫉妒，但为了不失面子也将自己在过生日时得到的礼物吹嘘一番

B. 默不作声，做一个很好的听众

C. 为自己的好朋友能获得那么好的礼物而感到高兴，真诚

地祝愿好朋友生日快乐

2. 当我的好朋友犯了错误时，我会（　　）。

A. 明显地袒护他

B. 装作不知道

C. 真诚地指出，帮助好朋友改正错误

3. 公共汽车上十分拥挤，我好不容易得到了一个座位。这时，上来了一位老大爷，我会（　　）。

A. 装作没看见，心安理得地坐在座位上

B. 进行激烈的思想斗争，最终还是将座位让给了老大爷

C. 立刻主动让座

4. 深夜，我独自在马路上骑车，这时十字路口的红灯亮了，我会（　　）。

A. 径直向前骑去，没有一点犹豫

B. 略停一下，向四周张望，确定没人，然后继续前进

C. 停下，等绿灯亮了再前进

5. 当我的好朋友真诚地指出我的错误时，我会（　　）。

A. 很生气，觉得自己的好朋友不讲义气，多管闲事

B. 碍于情面，装作接受意见，但心里很不高兴

C. 虚心接受好朋友的意见，而且很高兴，因为我知道只有愿意指出我缺点的朋友才是真正的朋友

6. 向同学借书，我通常会（　　）。

A. 忘记将书还给同学

B. 基本都能归还，但偶尔会拖延时间或将书弄丢

C. 每一本都能按时归还，而且很爱护别人的书

7. 和朋友约定了一次旅游，说好风雨无阻，但临行前天气突变，大雨倾盆。这时，我会（　　）。

A. 在家里观望天气，并自我安慰，这么大的雨，朋友肯定也不会去了

B. 打电话给朋友，不管对方是否出发，取消这次旅游

C. 风雨无阻，如约前往

8. 假如一名同学身患绝症，不久将离开人世，而他尚不知情，在探望他时，我会(　　)。

A. 告诉他事情的真相，并问他还有什么要求和最后的愿望

B. 为他伤心，默默哭泣，什么也不告诉他

C. 高兴地告诉他，他的病情有所好转，希望他安心养病，尽快回到学校学习

【评分标准】

选择 A，加 1 分；选择 B，加 2 分；选择 C，加 3 分。

【结果解释】

◆19～24 分——我是一个诚信的好孩子。我的诚实、守信将是最大的财富，坚持不懈，它会为我带来友谊和成功。

◆14～18 分——在为人处世中，我能基本做到诚实守信，虽说偶尔会犯些小错误，但只要我真诚面对，朋友和亲人肯定会原谅的。

◆8～13 分——很遗憾，我还不是一个很受欢迎的人。因为，只有诚实、守信的人才能得到真正的友谊。不过，只要我能改正缺点，就能拥有许多朋友。从现在做起吧！

课后任务

(1)阅读《富兰克林自传》。

(2)列出个人诚信清单。

第十六课

把握生活节奏

🔍 问题导入

想象你是一个武林高手。你生命中的最爱明玉公主被困在了一个正在燃烧的大楼里，你现在正赶过去救她。

你可以把明玉公主当作你的梦想和志向具体化后的事物——她是最重要的事情。

不幸的是，在你过去救她时，数不清的武林高手过来向你挑战，他们想要在打败你后扬名立万。你需要应对一个又一个挑战，与他们的较量是很紧迫的，但是解救公主才是你最重要的任务。

如果你把注意力离开最终的目标，那么其他之前的努力都会归零。你有能力打败任何一个挑战者，但是他们的数量是无穷无尽的，如果耽搁的时间太长，公主就会有危险。

上面的情景其实就像是我们的生活：最重要的事情被埋藏在那些无穷无尽的紧急的事情中。

生活的秘诀就是：有条理地强制自己关注那些重要的事情，抑制住对紧急的事情的冲动。人类天生喜欢关注那些需要立即回应的事情，如手机响了。但是对那些最重要的事情都会拖延到后面。你需要分清主次，抵抗你的大脑和你的生活习性。

回顾一下你每天都在做的事情。请罗列哪些不是你选择的事情，哪些是需要你回应的事情。

知识导航

一、四象限法

美国著名管理学家科维（Covey）提出了一个分类事务的理论，将事务按照重要和紧急两个不同的程度进行了划分，基本上可以分为四个象限，如图 16-1 所示。

第一象限：重要且紧急（如救火、抢险等）。这一类事情具有时间的紧迫性和影响的重要性，无法回避也不能拖延，必须优先解决，立刻做。

第二象限：重要但不紧急（如学习、做计划、与人谈心、体检等）。这一象限的事件不具有时间上的紧迫性，但是，它具有重大的影响，对于个人成长和发展以及人际关系的建立与维护，都具有重大的意义。只要是没有前一类事件的压力，就应该当成紧急的事件去做，而不是拖延。"未雨绸缪"这个成语故事就是对第二象限事件管理的形象描述。在生活、工作中有许多重要的工作，需要我们在事件出现之前做好准备，这就是制订计划的原因。制订计划的目的是把那些重要但不紧急的事情，按部就班地高效完成。因此要学会怎样制订计划、怎样做准备。计划、准备、学习、培训等事情都是重要的预防或者重要的储备工作。

紧急程度

重要程度

第一象限：重要且紧急
- 内容：非常紧迫的问题，如工作危机处理
- 思考：真的那么多重要且紧急的事情要处理？80%都是因为第二象限的工作没有处理好
- 处理方法：立即去做
- 饱和后果：压力无限增大，产生危机
- 原则：越少越好，很多第一象限时没有被处理好为它们任务第二象限
- 好处：基本没有好处，疲于处理危机

第二象限：重要但不紧急
- 内容：制定工作规划，提升工作效能，建立良好的人际关系
- 思考：如何避免更多的事情落入第一象限的事情
- 处理方法：有计划地做该做的事情
- 饱和后果：忙碌但是并不盲目
- 原则：集中精力处理，投资第二象限，分解任务，明确目标，做好计划，先紧后松
- 好处：做好二象限的工作，可以最大限度地避免工作进入第一象限

第三象限：既不重要也不紧急
- 内容：上网、游戏、聊天、看小说、购物
- 思考：如果我在工作中，有必要做这些事情吗？
- 处理方法：尽量别做
- 饱和后果：浪费生命
- 原则：偶尔调节身心，但是一定不能沉溺于此
- 好处：除了放松之外，没有其他好处

第四象限：紧急但不重要
- 内容：不速之客的到访、临时安排的工作
- 思考：如何能够尽量减少第四象限的事情
- 处理方法：交给别人去做
- 饱和后果：忙碌而盲目
- 原则：放权交给别人去做吧
- 好处：没有好处，是我们盲目的源头

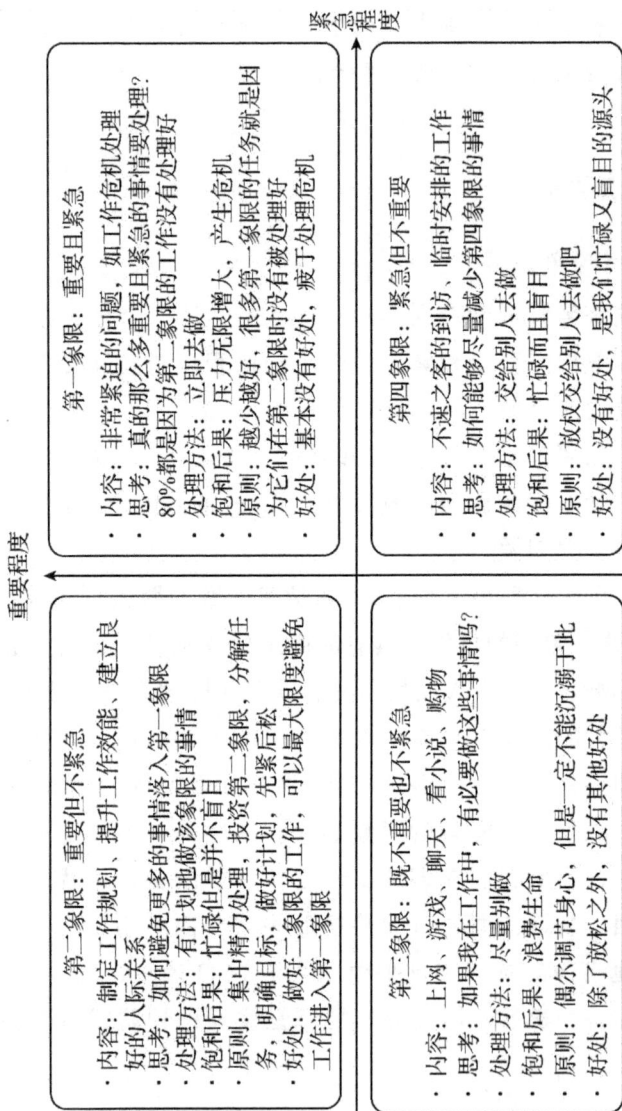

图 16-1 四象限时间管理法

第三象限：既不重要也不紧急（如娱乐、消遣等事情）。这类事务大多是些琐碎的杂事，没有时间的紧迫性，没有任何的重要性，这种事件与时间的结合纯粹是在扼杀时间，是在浪费生命。发呆、上网、闲聊、游逛，这是饱食终日无所事事的人的生活方式。有闲工夫再去做吧。

第四象限：紧急但不重要（如有人因为玩游戏而紧急约你、有人突然打电话约你逛街等）。这类事务具有很大的欺骗性。很多人在认识上有误区，认为紧急的事情都显得重要，实际上，这些不重要的事件往往因为它紧急，就会占据人们的很多宝贵时间。人们常犯的毛病是把"紧急"当成优先选择去做的条件。其实，许多看似很紧急的事，拖一拖，甚至不办，也无关大局。

二、四个象限的关系

（1）第一象限和第三象限不仅是相对立的，而且是壁垒分明的，很容易区分。

第一象限是重要且紧急的事情，每一个人都会分析判断那些紧急且重要的事情，并把它们优先解决。第三象限是既不重要也不紧急的事情，有志向且勤奋的人断然不会去做。

（2）区分第二象限和第四象限，第四象限对人们的欺骗性是最大的，它很紧急的事实造成了它很重要的假象，耗费了人们大量的时间。

要区分这两个象限，就必须借助"这件事是否重要"这一标准，也就是按照人生目标和人生规划来衡量这件事的重要性。如果它重要，就属于第二象限的内容；如果它不重要，就属于第四象限的内容。

（3）走出第四象限，具有假象的第四象限因为它的紧急性往往使人们难以脱身，所以人们经常会跌进第四象限而无法自拔。例如，玩游戏的时候三缺一，只要一玩起来就很难脱身，而且要耗费很长的时间才能决出胜负。

第一象限的事情必须优先去做。第三象限的事情人们不会去做。第三象限的事情是没有意义的，但是又很难缠，因此，人们必须想方设法走出第三象限。

（4）投资第二象限，第一象限的事情重要且紧急，时间原因导致人们往往不能做得很好。第二象限的事情很重要，而且会有充足的时间去准备，有充足的时间去做好。若没能及时处理好第二象限的事务，则此象限的事务很可能上升到第一象限，给生活造成很多不必要的、很大的压力。可见，投资第二象限，它的回报才是最大的。

（5）合情合理地处理好四个象限的事务，必须坚持"四做"：马上做——如果你总是有紧急且重要的事情要做，说明你在事务分类上存在问题，设法减少它。计划做——尽可能地把时间花在重要但不紧急（第二象限）的事情上，这样才能减少第一象限的工作量。授权做——对于紧急但不重要的事情的处理原则是授权，让别人去做。减少做——既不重要也不紧急的事情尽量少做。

三、如何投资第二象限

（一）制定规划（计划、目标）

明确了重要但不紧急的事务之后，确定相应的目标，制订对应的实施计划，有序地按步骤去做，不拖沓，今日事今日毕。

（二）深度专注（集中 **80%** 的精力）

浅度专注与深度专注的形象比喻如下：浅度专注是"身在曹

营心在汉"的状态，而深度专注是"两耳不闻窗外事，一心只读圣贤书"的境界。

(三)形成习惯(持之以恒)

从逼迫到习惯。很多人推崇"我们要跟随自己的内心"，跟着心走更像是懒惰的冠冕堂皇的借口。所有没有动力做的某些重要事情，在初期，就得逼迫自己去做，万事开头难，一段时间后可能就成为习惯，并不会感到痛苦。例如，笔者的亲身体会，练习英语口语几天后便不想坚持，但逼迫自己完成每天的任务，如今，哪天不用练习英语口语就好像缺了什么，这就是习惯的力量。好习惯的形成和坏习惯的改正就在于刚开始的选择和逼迫。形成了习惯，还要持之以恒，这样才能形成良性循环。

🗒 主题活动

主题活动一： 运用四象限时间管理法规划近期事务

(一)活动目的

了解四象限时间管理法。

(二)活动内容

我们都知道分类日常事务的四象限法，从第一象限到第四象限分别为：重要且紧急、重要但不紧急、既不重要也不紧急和紧急但不重要。

(1)请运用四象限法对自己近一周或近一个月的事务进行分类。

(2)以小组为单位，与同学们讨论自己的分类是否合理。

(3)每组选出代表发言，教师总结发言。

主题活动二： 练习应用 PDCA 四步骤法

(一)活动目的

尝试应用 PDCA 四步骤法来推进目标的实现。

(二)活动准备

参加人员：有兴趣掌握 PDCA 四步骤法的学生。

主持人：教师。

记录员：所有在场师生。

活动要求：学生以圆圈形式围坐。

(三)活动过程

(1)教师介绍 PDCA 四步骤法：四步骤法，即 PDCA 循环，是管理学中的一个通用模型。PDCA 是英语单词 plan(计划)、do(执行)、check(检查)和 adjust(纠正)的第一个字母的大写。

①P (plan，计划)，包括方针和目标的确定，以及活动规划的制定。

②D (do，执行)，根据已知的信息，设计具体的方法、方案和计划布局；再根据设计和布局进行具体运作，实现计划中的内容。

③C (check，检查)，总结执行计划的结果，分清哪些对了，哪些错了，明确效果，找出问题。

④A (adjust，纠正)，对总结检查的结果进行处理，对成功的经验加以肯定，并予以标准化；对于失败的教训也要总结，引起重视。对于没有解决的问题，应提交给下一个 PDCA 循环去解决。

以上四个过程不是运行一次就结束，而是周而复始地进行，一次循环完成，能够解决一些问题，未解决的问题进入下一个循环，如此阶梯式上升。

（2）学生轮流口述他们对 PDCA 的初步理解。要求学生轮流讲述，不得重复。

（3）教师概括 PDCA 的概念，明晰 PDCA 涉及的主要内容及注意事项，提出"根据 PDCA 四步骤法来推进生活中一件重要但不紧急的事务"，要求思考后口述，其他学生提出至少一个意见和至少一个建议。

（4）学生思考。

（5）学生发表自己的方案，别的学生发表相应的意见和建议。

（6）教师再次强调 PDCA 的步骤和注意事项，同时合理肯定学生自认为的重要但不紧急的事务，鼓励学生有序地将它们实现。

（7）活动小结：本活动形式新颖，学生没有压力，看似务虚，实际上学生在互相交流中掌握 PDCA 的精髓。

主题活动三： 高效的时间管理

（一）活动目的

（1）感悟时间的宝贵，学会珍惜时间。

（2）掌握高效的时间管理技巧。

（3）充分利用时间，高效学习。

(二)活动内容

高效的时间管理教学示例，如表 16-1 所示。

表 16-1　教学示例

教学环节	教学内容	设计意图
引入 （2分钟）	如果每天都有 86 400 元进入你的银行账户，而你必须当天用光，你会如何运用这笔钱？天下真有这样的好事？是的！你真有这样一个账户，那就是"时间"。德奥弗拉斯多曾说："时间是最宝贵的财富！"每天每个人都会有新的86 400秒进账。面对这样一笔财富，你是如何利用的呢？ 小调查：有多少同学觉得自己的时间不够用？有多少同学觉得时间过得太快了？	引入话题，启发思考。
感悟时间 （6分钟）	关于时间，你可以找到很多的名言： 把活着的每一天看作生命的最后一天。（海伦·凯勒） 盛年不重来，一日难再晨。及时当勉励，岁月不待人。（陶渊明） 时间最不偏私，给任何人都是二十四小时；时间也最偏私，给任何人都不是二十四小时。（赫胥黎） 时间是由分秒积成的，善于利用零星时间的人，才会做出更大的成绩来。（华罗庚） …… 你能说出哪些关于时间的名言呢？	感悟时间的宝贵。
讨论与分享 （10分钟）	时间本来是无法管理的，它不会因为你的管理变得更长或更短。但是我们可以管理好自己，在有限的时间内，创造最大的价值。你用过哪些时间管理的妙招？ 小组同学相互讨论、分享，最后老师总结。	让学生思考管理时间的方法。

续表

教学环节	教学内容	设计意图
时间管理技巧（14分钟）	1. 重要事情优先 (1)价值2.5万美元的时间管理方法。 　　6点优先工作制是效率大师艾维利在向美国一家钢铁公司提供咨询时提出的，它使这家公司用了5年的时间，从濒临破产一跃成为当时全美最大的私营钢铁企业，艾维利因此获得了2.5万美元咨询费，故管理界将该方法喻为"价值2.5万美元的时间管理方法"。这一方法要求把每天所要做的事情按重要性排序，分别从"1"到"6"标出6件最重要的事情。每天一开始，先全力以赴做好标号为"1"的事情，直到它被完成或被完全准备好，再全力以赴地做标号为"2"的事，依次类推……艾维利认为，一般情况下，如果一个人每天都能全力以赴地完成6件重要的事情，那么他一定是一位高效率人士。 (2)时间管理的四象限。 　　斯蒂芬·科维被美国《时代周刊》列为25位有影响力的美国人之一，在畅销书《高效能人士的七个习惯》中提出：要事第一（时间管理的四象限）。 2. 决不拖延 (1)凡事设定最后期限，立即行动。 (2)排除干扰，专注目标。 (3)不过分追求完美。 3. 充分利用高效时间段 　　早上起床后1~2小时；上午8—11点；下午3—5点；晚上临睡前1~2小时；头脑最清醒，精力最旺盛的时候做最重要的事情。	让学生掌握时间管理的技巧。

续表

教学环节	教学内容	设计意图
	4. 利用好零碎时间。 (1) 梁实秋《利用零碎时间》。 "我常常听人说，他想读一点书，苦于没有时间。我不太同情这种说法。不管他是多么忙，他总不至于忙得一点时间都抽不出来。一天当中如果抽出一小时来读书，一年就有三百六十五小时，十年就有三千六百五十小时，积少成多，无论研究什么都会有惊人的成绩。零碎的时间最可贵，但是也最容易丢弃。我记得陆放翁有两句诗，'呼僮不应自升火，待饭未来还读书'，这两句诗给我的印象很深。待饭未来的时候是颇难熬的，用以读书岂不甚妙？我们的时间往往于不知不觉中被荒废掉，例如，现在距开会还有五十分钟，于是什么事都不做了，磨磨蹭蹭，五十分钟便打发掉了。如果用这时间读几页书，岂不较为受用？至于在'度周末'的美名下把时间大量消耗的人，那就更不必论了。他是在'杀时间'，实在也是在杀他自己。" (2) 欧阳修在《归田录》中写道："余平生所作文章，多在三上：乃马上、枕上、厕上也。"	
你最近要完成的事情 (8 分钟)	请列出最近你需要完成的事情：	让学生将所学内容运用于自己的事务处理中。
教学反思		

⚙ **拓展延伸**

时间管理是目标管理

希望通过时间管理来挤时间的做法是错误的。时间不会通过管理就会变成 25 小时。时间管理的本质是目标管理。仔细整理自己的目标和任务，把它们排出优先级，在个人时间管理上，优先给高优先级的目标和任务分配时间。注意这个优先级是基于价值的，而不是基于紧急程度的。也就是说，如果现在发现一周后就要交一篇作文，为什么不是今天开始写它，而非得要拖到最后一天再动笔呢？

有一个管理学的故事：有一天，管理专家为商学院的学生讲课。管理专家拿出一个广口瓶放在桌上。随后，他取出一堆拳头大小的石块，把它们一块块地放进瓶子里，直到石块高出瓶口再也放不下去了。他问："瓶子满了吗？"所有的学生应道："满了。"他又问："真的？"说着他从桌下取出一桶砾石，倒了一些进去，并敲击玻璃壁使砾石填满石块的间隙。"现在瓶子满了吗？"这一次学生有些明白了，"可能还没有满。"一名学生说道。"很好！"他伸手从桌下又拿出一桶沙子，把它们慢慢倒进玻璃瓶。沙子填满了石块的间隙。他又一次问学生："瓶子满了吗？""没满！"学生们大声说。然后教授拿一壶水倒进玻璃瓶，直到水面与瓶口齐平。他望着学生问道："这个例子说明了什么？"一名学生举手发言："它告诉我们，无论你的时间表多么紧凑，如果你真的再加把劲儿，还可以干更多的事！""不！"专家说，"那还不是它的喻义所在。这个例子告诉我们，如果你不先把大石块放进瓶子里，那么你就再也无法把它们放进去。"

时间管理、提高效率的五个方法。

一、严格执行计划，拒绝拖延

制订计划很简单，但不知道为什么，事情都没有完成，有的人慢慢地也就不计划了，因为感觉没什么用。起初计划每周看完一本书，最终却发现自己并没看几本，书架上的书早就落了灰。好不容易下定决心健身减肥，可没过多久，就又恢复了往常该吃吃该喝喝的状态。本该充分准备的考试，却在考试前三四天才开始熬夜临时抱佛脚。

其实我们应该意识到，90%以上的计划都是因为拖延而废掉的。"今天事情太多了，明天再抽时间看书吧。""今天下雨了，就不跑步了，明天再说吧。""还有10天才考试呢，明天复习也来得及。"

我们需要知道，拖延的本质是带有厌恶情绪的自我欺骗，它只会浪费时间，永远无法从根本上解决任何问题。所以如果你想要减少时间的浪费，首先必须克服的，就是自己的拖延心理。在制订好实际、可执行的计划后，严格地将其执行到底，无论计划中的事情难易如何，都不要拖延。

二、识别每项任务的关键点

很多学生在学习时喜欢死磕一道题，不解出来不换题。这种做法就是典型的浪费时间，在大考中会很吃亏。过度追求完美是没有时间观念的表现。过于注重每一个细节，在细节上花费过多的时间，反而忽视了那些最重要的部分，更不用说按照计划完成任务了。正确的做法是，在开始执行每项任务前，问自己两个问题：这项任务的关键点在哪里？哪些细节可以适当忽略掉？

比如，考试中的关键点是在规定的答题时间内尽可能多拿分。那种思考两分钟以上没有思路或想不起来的题就应该先跳过，如果还有时间再来解决。再比如，看书时的关键点是那些对自己有帮助的信息（作者的研究成果、独到观点等），其余的内容可以迅速略过。所以啊，将自己的注意力都放在关键点上，每当想要去钻研无关紧要的细节时，都要提醒自己："还是先跳过这个问题吧，这样就能把更多时间放在关键点上。"这个方法可以无形中帮助你少浪费很多时间。

三、保持专注

下定决心，拒绝拖延，开始认认真真执行学习计划。可刚开始看了 20 分钟书，你就忍不住拿起手机玩了起来。10 分钟后，你突然想起自己还要学习，就放下手机，重新开始看书。在这个过程中，你以为自己玩了 10 分钟手机，但实际上，你玩了 15 分钟。当你玩手机的时候，你刚才学习时激活的神经网络逐渐被抑制。所以，从你放下手机到重新开始看书，至少需要 5 分钟来努力集中注意力，把刚才被抑制的神经网络重新激活起来。也就是说，大脑在不同任务间切换是需要额外时间来适应的。你每走一次神儿，就多浪费 5 分钟，时间就会被这样浪费下去。

如果你做不到专注，就会浪费比你意识到的还要更多的时间。所以，在执行计划中，不仅要拒绝拖延，关注重点，还要保持专注。

四、顺应自己的生物钟，合理安排任务

生物学家研究发现，人的大脑在一天中的 3 个时间段比较活跃：早起后的 3~4 小时，中午过后的 3~4 小时，晚上 7—9 点。具体的时间会因人而异。比如，有些人是夜猫子，白天昏昏沉沉，晚上精神亢奋。

不论你的生物钟是什么，你都需要观察自己思维活跃和迟钝的时间段，然后根据它的规律安排难易程度不同的任务。费脑子的任务可以放到思维活跃的时段，相对轻松的任务放到疲乏犯困的时段。这样就能在保证效率的前提下，最大化地把时间利用起来。

五、记录时间并每日复盘

时间是看不见摸不着的，想要管理时间，必须通过可视化的手段，从空间的角度去看时间。如果不能很清楚地掌握时间的去向，你是做不到高效工作/学习的。所以，记录时间非常有必要，实现时间去向的可视化更重要！只有做到可视化，才能真正清楚自己的时间都花在哪些地方，然后减少浪费。但只做到记录时间是不够的。不论你选择哪种记录时间的方式，我都非常推荐每晚花上 5 分钟复盘，在这 5 分钟里，你需要看看一天的时间去向，然后思考除了工作或学习之外的时间哪些是不可避免的，哪些是可以加以充分利用的，然后再在第二天进行优化。

只有将记录时间和复盘反思相结合，才能真正地掌控时间。

参见王济帆：《时间管理：充分利用一年的 8760 个小时》，北京，中国纺织出版社。

📃 课后任务

请罗列将来一周要做的日常事务，按四象限时间管理法分类，把"重要但不紧急"的事务按优先次序，针对前三项事务分别制订一个周详的计划。

第十七课

知法让你更快乐

教育部办公厅印发《防范中小学生欺凌专项治理行动工作方案》(以下简称"方案"),提出全面排查欺凌事件,深入开展防范中小学生欺凌专项治理行动。

近年来,随着社会透明度越来越高,校园欺凌事件屡屡出现在互联网上或见诸报端,让人每次看到都深感揪心。校园欺凌严重损害学生身心健康,影响恶劣,危害巨大。有的学生为此患上重度抑郁,有的甚至失去了生命。更需警惕出现"以暴制暴"——曾经的受欺凌者满足一定条件后,"升级"为欺凌他人者,不断制造新的受欺凌者,形成恶性循环。

一直以来,许多人对于校园欺凌讳莫如深,孩子不敢告诉家长、老师,或者即便告诉了也不被重视、大事化小,甚至在一些学校里,老师发现了类似苗头,却和稀泥地紧紧捂住,致使很多校园欺凌事件没能暴露在阳光下,也没能及时制止。但诸多个案告诉我们,校园欺凌非小事,需要全社会共同关注。

校园欺凌问题不容忽视,反校园欺凌任重道远。近年来,各地深入开展中小学生欺凌行为治理工作,通过不断出台制度措施，我国守护未成年人成长的网越织越密，取得了积极成效。但校园欺凌事件仍时有发生。要铲除校园欺凌滋生的土壤，就要让受害者敢言，家长、老师、学校敢管，让校园欺凌在阳光下无所遁形。

此次，教育部印发相关行动方案，重拳出击治理校园欺凌问题，意义重大。"方案"提出对所有中小学校和在校学生开展全面排查，强调集中查处通报一批情节恶劣、社会影响大的恶性事件，既加大对校园欺凌事件的曝光惩戒、有利于形成"人人喊打"的反欺凌氛围，也注重早发现、早预防、早控制，防患于未然，有利于加强保护未成年人权益。

对于校园欺凌，沉默即是纵容，忽视即可能助纣为虐。根治校园欺凌，非一方之力所能及。只有各方都敢于揭开这个"伤疤"，让校园欺凌行为暴露在阳光下"人人喊打"，让欺凌者受到应有惩罚，让被欺凌者懂得如何应对，才能守护学校安宁，护航学生成长成才。

（1）我们可以看出校园欺凌对施暴者和受害者带来哪些危害？

（2）面对校园欺凌时如何临危不乱，以法维权，应该采取什么措施，坚决向校园欺凌说"不"？

（3）讨论守法、知法、用法的重要性。

🔗 知识导航

一、常见的违法与犯罪行为

（一）盗窃

盗窃就是指在没经过主人的同意下，随便取走他人的财物，包括钱和物品。

盗窃、诈骗、哄抢、抢夺、敲诈勒索或者故意损毁公私财物的，处五日以上十日以下拘留，可以并处五百元以下罚款；情节较重的，处十日以上十五日以下拘留，可以并处一千元以下罚款。(《中华人民共和国治安管理处罚法》第四十九条)

已满十六周岁的人犯罪，应当负刑事责任。但不负刑事责任不代表不负任何责任，其监护人要负民事责任，如赔偿损失、赔礼道歉等，情节恶劣的要负行政责任。

(二)恐吓、勒索

用不当的手法，包括恐吓、威胁、暴力等，向他人借钱不还或强索金钱。

有下列行为之一的，处五日以下拘留或者五百元以下罚款；情节较重的，处五日以上十日以下拘留，可以并处五百元以下罚款：(一)写恐吓信或者以其他方法威胁他人人身安全的；(二)公然侮辱他人或者捏造事实诽谤他人的；(三)捏造事实诬告陷害他人，企图使他人受到刑事追究或者受到治安管理处罚的；(四)对证人及其近亲属进行威胁、侮辱、殴打或者打击报复的；(五)多次发送淫秽、侮辱、恐吓或者其他信息，干扰他人正常生活的；(六)偷窥、偷拍、窃听、散布他人隐私的。(《中华人民共和国治安管理处罚法》第四十二条)

(三)抢劫罪

行为人对公私财物的所有人、保管人、看护人或者持有人当场使用暴力、胁迫或者其他方法，迫使其立即交出财物或者立即将财物抢走的行为。使用武器，如刀械、棒棍或其他具有危险性的东西，威胁同学，使他人不敢反抗，然后强行夺取身上的财物。

以暴力、胁迫或者其他方法抢劫公私财物的，处三年以上十年以下有期徒刑，并处罚金；有下列情形之一的，处十年以上有期徒刑、无期徒刑或者死刑，并处罚金或者没收财产：（一）入户抢劫的；（二）在公共交通工具上抢劫的；（三）抢劫银行或者其他金融机构的；（四）多次抢劫或者抢劫数额巨大的；（五）抢劫致人重伤、死亡的；（六）冒充军警人员抢劫的；（七）持枪抢劫的；（八）抢劫军用物资或者抢险、救灾、救济物资的。（《中华人民共和国刑法》第二百六十三条）

（四）故意伤害

故意伤害他人身体的行为，因为打架造成别人身体上、健康上的伤害。

殴打他人的，或者故意伤害他人身体的，处五日以上十日以下拘留，并处二百元以上五百元以下罚款；情节较轻的，处五日以下拘留或者五百元以下罚款。有下列情形之一的，处十日以上十五日以下拘留，并处五百元以上一千元以下罚款：（一）结伙殴打、伤害他人的；（二）殴打、伤害残疾人、孕妇、不满十四周岁的人或者六十周岁以上的人的；（三）多次殴打、伤害他人或者一次殴打、伤害多人的。（《中华人民共和国治安管理处罚法》第四十三条）

故意伤害他人身体的，处三年以下有期徒刑、拘役或者管制。犯前款罪，致人重伤的，处三年以上十年以下有期徒刑；致人死亡或者以特别残忍手段致人重伤造成严重残疾的，处十年以上有期徒刑、无期徒刑或者死刑。本法另有规定的，依照规定。（《中华人民共和国刑法》第二百三十四条）

(五)赌博罪

学生在学校玩耍时，不论是用金钱或用物品当筹码，都不可以玩赌博的玩具或游戏。除了不可以从事赌博的行为外，也不可以向别人提供从事赌博的工具或场所。

以营利为目的，为赌博提供条件的，或者参与赌博赌资较大的，处五日以下拘留或者五百元以下罚款；情节严重的，处十日以上十五日以下拘留，并处五百元以上三千元以下罚款。（《中华人民共和国治安管理处罚法》第七十条）

(六)寻衅滋事

寻衅滋事是指在公共场所无事生非，起哄闹事，殴打伤害无辜，肆意挑衅，横行霸道，破坏公共秩序的行为。它包括：随意殴打他人，情节恶劣的；追逐、拦截、辱骂他人，情节恶劣的；强拿硬要或者任意损毁、占用公私财物，情节严重的；在公共场所起哄闹事，造成公共场所秩序严重混乱的。

有下列行为之一的，处五日以上十日以下拘留，可以并处五百元以下罚款；情节较重的，处十日以上十五日以下拘留，可以并处一千元以下罚款：（一）结伙斗殴的；（二）追逐、拦截他人的；（三）强拿硬要或者任意损毁、占用公私财物的；（四）其他寻衅滋事行为。（《中华人民共和国治安管理处罚法》第二十六条）

(七)毁坏公物

不论在学校还是在公共场合，只要是不属于自己的东西，是给大家共同使用的东西，都是公共物品。学生应该小心使用并爱惜公物，不可以随便破坏、毁损或丢掉公物。

有下列行为之一的，处警告或者二百元以下罚款；情节较重的，处五日以上十日以下拘留，并处二百元以上五百元以下罚款：(一)刻划、涂污或者以其他方式故意损坏国家保护的文物、名胜古迹的；(二)违反国家规定，在文物保护单位附近进行爆破、挖掘等活动，危及文物安全的。(《中华人民共和国治安管理处罚法》第六十三条)治安管理处罚由县级以上人民政府公安机关决定；其中警告、五百元以下的罚款可以由公安派出所决定。(《中华人民共和国治安管理处罚法》第九十一条)

(八)侵犯隐私权

隐私权是指个人享有的私人生活安宁与私人信息秘密依法受到保护，不被他人非法侵扰、知悉、收集、利用和公开的一种权利。

任何组织或者个人不得披露未成年人的个人隐私。任何组织或者个人不得隐匿、毁弃、非法删除未成年人的信件、日记、电子邮件或者其他网络通讯内容。除下列情形外，任何组织或者个人不得开拆、查阅未成年人的信件、日记、电子邮件或者其他网络通讯内容：(一)无民事行为能力未成年人的父母或者其他监护人代未成年人开拆、查阅；(二)因国家安全或者追查刑事犯罪依法进行检查；(三)紧急情况下为了保护未成年人本人的人身安全。(《中华人民共和国未成年人保护法》第六十三条)

二、未成年人的合法权利受到法律保护

(1)生命健康权。未成年人享有生命健康的权利。

(2)人身自由权。未成年人的人身自由不受侵犯。禁止非法拘禁、剥夺或限制未成年人的人身自由和非法搜身。

(3)姓名权。未成年人享有姓名权，有权决定、使用和依照规定改变自己的姓名，禁止他人干涉、滥用和假冒。

(4)肖像权。未成年人享有肖像权，未经本人同意，不得以营利为目的使用其肖像。

(5)名誉权。未成年人享有名誉权,其人格尊严受保护,禁止用侮辱、诽谤等方式损害未成年人的名誉。

(6)荣誉权。未成年人享有荣誉权,禁止非法剥夺其荣誉称号。

(7)财产所有权。国家保护未成年人合法收入、储蓄、房屋和其他合法财产的所有权。禁止任何组织或个人侵占、哄抢、破坏或者非法扣押、冻结、没收。

(8)财产继承权。未成年人享有合法财产的继承权,并受法律保护。

(9)著作权。未成年人享有著作权(版权),依法有署名、发表、出版、获得报酬等权利。

(10)专利权。未成年人对其获得批准的专利享有专利权,并依法得到保护。

(11)批评、建议、申诉、控告、检举权。未成年人对国家各项工作和国家工作人员有批评、建议、申诉、控告和检举的权利。

(12)取得国家赔偿权。未成年人依法有取得国家赔偿的权利。

(13)宗教信仰自由权。未成年人有宗教信仰的自由。

(14)民族风俗习惯自由权。未成年人的民族风俗习惯依法受到保护。

(15)通信自由和通信秘密权。对未成年人的信件,除因追查犯罪的需要由公安或检察机关依法进行检查,或对无行为能力的未成年人的信件,由其父母或其他监护人代拆外,未经未成年人本人同意,任何组织和个人(包括家长和老师)不得私拆、截留、隐匿、毁弃。

(16)受教育权。未成年人享有受教育的权利。

三、哪些机构和人员具有保护未成年人的责任?

《中华人民共和国未成年人保护法》第六条规定:"保护未成年人,是国家机关、武装力量、政党、人民团体、企业事业单位、社会组织、城乡基层群众性自治组织、未成年人的监护人以及其他成年人的共同责任。国家、社会、学校和家庭应当教育和帮助未成年人维护自身合法权益,增强自我保护的意识和能力。"承担保护未成年人责任的有下列机构和人员。

(1)国家。保护公民的合法权益不受侵犯,是国家机关义不容辞的责任。

(2)社会。这里的社会是指除国家机关、家庭、学校之外的所有机构、组织、团体和单位。

(3)学校。学校是未成年人接受系统教育的主要社会组织,具有依照国家的教育方针,对未成年人进行德育、智育、体育、美育、劳动教育以及社会生活指导和青春期教育的职责。

(4)家庭。家庭是社会的细胞,是未成年人的第一所学校,对于保护未成年人的合法权益有着特殊的地位和作用。

此外,爱幼,是中华民族的传统美德,关心未成年人的健康成长,是所有成年公民光荣而艰巨的责任。

主题活动

主题活动一: 知法让你更快乐——法律知识竞赛

(一)活动目的

(1)通过此次主题班会活动,让学生了解一些基本的法制知识，提高学生的法律意识。

(2)以小见大，引导学生自觉遵守校纪校规。

(二)活动时间

星期一下午班会课或学生发展指导课。

(三)活动地点

阶梯教室或活动室。

(四)活动过程

1. **序言**

(1)主持人宣读知识抢答赛宗旨。

(2)主持人介绍参赛队伍，参赛队伍呼喊出本队口号。

(3)主持人介绍到场裁判。

(4)主持人宣布法律知识竞赛正式开始。

2. **比赛**

第一阶段：必答阶段

规则：必答题每队必须答 5 道题，答错不记分，答对记 10 分。主持人按各队事先抽取的答题顺序依次点队名进行答题。主持人提醒答题队"请听题"后，读题并发出"请回答"的口令，参赛队员进入答题状态，计时开始。在有效答题时间内，该队任选一人答题，回答完后明确"答题完毕"，主持人确认其不再修改后宣布答题结果。

程序：工作人员提前组织各队队长抽取答题顺序号码，交给主持人，并将积分汇总。比赛开始后，主持人宣布答题队队名，在手持卡片(上有题目及正确答案)念出试题的同时，参赛队员按比赛规则作答，主持人宣布作答结果，工作人员记载、展示得分。此过程重复至每个参赛队全部参与结束。

第二阶段：抢答阶段

规则：主持人手持卡片（上有题目和答案）在念出题目的同时宣布"抢答开始"，参赛队员方可抢答，提前抢答者取消本次作答资格。成功抢答者可选择"放弃"，"放弃"扣5分，答错扣10分，抢答对记10分。

本阶段连续两次抢答成功并回答正确者，可以抽取一个特别签，特别签包括：给自己队加10分，给自己队加20分，给自己队加30分，与得分最高的队换分，谢谢参与。

程序：主持人手持卡片（上有题目和答案）在念出题目的同时宣布"抢答开始"，参赛队员抢答，主持人请抢答成功者答题；参赛队若选择放弃，主持人宣布作答结果，工作人员记载、展示得分。此过程重复至30个题目使用完毕，必要时抽取特别签。

第三阶段：风险阶段

规则：主持人通过前面两个阶段的比赛，根据比赛的成绩由高到低确定答题的顺序。本阶段有10分、20分、30分、50分的题目，各队可自由选择，首先由得第一名的队选题，即选即答。答对的奖相应分值，答错的减相应分值。主持人宣布作答结果，工作人员记载、展示得分。

3. 颁奖

（1）比赛结果根据各组得分依次取前三名。

（2）宣布获奖名单，颁奖。

4. 教师总结

通过这次班会，学生进一步拓宽法律的知识面，认识了法律法规的意义，也意识到在学校里哪些事是不能做的。希望学生通过本次活动能树立法律意识，遵守校内外各项法律法规，走好青春的每一步！

主题活动二：用法让你的人生更精彩
——模拟法庭审判

(一)活动目的

通过模拟法庭审判，了解法庭中的各项程序以及各种角色的特点，将书本学习与实践结合起来，主动探究相关法律知识，激发学习兴趣，真正树立法治意识，并将所了解的法律学以致用。

(二)活动角色设置

(1)主持人 1 人(开庭前对案件的基本情况进行陈述；在中间休庭过程中引导旁听人员对案件审判结果进行预测，组织讨论案件；庭审结束后进行点评)。

(2)模拟法庭组成人员：审判长 1 人，人民陪审员 2 人。

(3)模拟法庭辅助人员：书记员 1 人，法警 2 人。

(4)刑事诉讼当事人：

被告 1 人(被人民检察院向人民法院提起公诉或被自诉人直接向人民法院起诉，要求追究其刑事责任的当事人)；

被害人 1 人(遭受犯罪行为侵害的人)。

(5)刑事诉讼参与人：

辩护人 1 名(受被告委托帮助被告行使辩护权，依法维护被告合法权益的诉讼参与人)；

证人 1 名(除当事人外，向司法机关提供自己所了解的案件情况的诉讼参与人)。

(6)公诉人及其书记员各 1 人。

(三)模拟法庭活动实施过程

1. 选择分析案例

为了开好本次班会，首先向全体学生征集案例，案情涉及未成年人犯罪的各种问题，最后集中讨论选择了被告马某故意伤害罪一案。基本案情是被告马某于 2015 年 9 月 20 日下午放学后，途经学校附近空地旁的一条小路，遇见同班同学刘某（本案原告方），事发时，因刘某取笑被告马某，马某不予理会，接着刘某对马某的身体进行推搡以及对头部进行击打，马某就用拳头向刘某反击，导致刘某眼部受损。经鉴定，刘某左眼残疾，刘某及家人受到严重打击，认为马某的行为属故意伤害。但经法庭调查，由于马某性格内向，受到刘某的长期欺辱，且在本案中因原告正在对被告的身体进行侵害，因此被告只是正当防卫，不构成犯罪。

(1)该案集中反映了未成年人的心理特点，即感性多于理智，易于冲动，情绪容易失控，犯罪偶发性强。犯罪的发生既具有一定的偶然性，又存在一定的必然性，原因是他们平时忽略了对法律知识的学习，法制观念淡薄。

(2)该案被告来自单亲家庭，性格内向，不善于与人沟通，行为孤僻。这种类型的学生应引起教师和同学的高度关注。教师应引导其他学生关心班里性格内向、行为孤僻的学生，能够主动向教师反映该类学生日常学习和生活情况，如在本案中马某长期受到刘某欺负，如果有学生及时向教师反映情况，教师就会及时发现潜在的问题，及时做好危机预防和教育帮助，防止意外伤害事件发生，保障校园的和谐与稳定，有利于促进全体学生和谐发展、健康成长。

(3)对于校园中的一些行为霸道、欺辱同学的学生，班主任要趁机加强法制教育，同时也使其他学生进一步明确违法行为造成的危害。

2. 竞选角色， 准备材料

选定案例材料后，根据案情及审判过程涉及的人物角色，我们拟定了审判长、人民陪审员、公诉人、辩护人、被告、证人、法警、书记员等角色及人数分配。将班级学生相应地分成审批组、公诉组、辩护组、被告组、证人组五个小组，学生按个人兴趣选择在哪一组中体验角色，在了解案件过程后准备各自角色的文字材料，如审判组的起诉书和关于审判流程的材料、公诉组的公诉词、辩护组的辩护词、证人组的证词以及被告组的发言材料。经过组内成员的反复练习及研究讨论，推选出最终参加模拟法庭的具体人员。

3. 模拟法庭排练

为了使主题班会顺利进行，达到很好的教育效果，教师组织学生认真排练，了解审判的流程，熟悉台词，把握不同角色的特点；同时组织其他学生上网查阅故意伤害、正当防卫等法律名词的内涵，浏览更多案例，结合本案写出学习感受。

基本情况

(1)时间：20××年×月×日下午 3：30

(2)地点：学校模拟法庭教室

(3)班主任：××

(4)主持人：××

(5)参与者：全班学生

该活动为模拟法庭，全班学生一起参加。但在现实情境中，14 周岁以上不满 16 周岁的未成年犯罪的案件，一律不公开审理；16 周岁以上，不满 18 周岁的未成年人犯罪的案件，一般也不公开审理。因此，此处的全体学生旁听为模拟需要。

活动程序

（1）主持人宣布主题班会开始。

各位领导、老师、同学下午好！欢迎走进××中学模拟法庭。

为了普及法律知识，提高同学们的法律意识及辨别是非的能力，正确应对社会上种种不良现象的诱惑，远离犯罪，健康成长。今天我们在这里开展模拟法庭形式的普法教育活动，希望同学们认真听、认真记、仔细思考。我们只有知法，才能更好地守法和运用法律武器保护自己及他人的合法权益不受侵害。

（2）书记员查明当事人和其他诉讼参与人是否到庭，宣读法庭纪律，请审判人员入庭，向所有到场人员报告准备就绪。

（3）审判长核对当事人的基本情况，宣布案由，宣布审判长、书记员、公诉人、辩护人名单，告知当事人有关的诉讼权利义务，询问当事人是否提出回避申请。

（4）审判长宣读起诉书。

（5）被告马某宣读答辩意见。

（6）审判长提问，归纳辩论焦点。

（7）法庭调查，证据交换。原告、被告依次陈述，证人作证，出示书证、物证，宣读鉴定结论、勘验笔录等。

（8）法庭辩论：在合议庭主持下，双方当事人阐述自己的观点，反驳双方的主张。

（9）当事人总结陈词和法庭调解。

（10）案件评议和宣告判决。

（11）班主任总结：

同学们，从今天的案例中我们了解到马某凭一时的激愤出手伤人属于故意伤害行为，但究其原因，是刘某的欺辱行为导致的结果，法律是公平公正的，任何人在法律面前都是平等的。该案例提醒我们要友好地对待身边的每一个人，要主动关心帮助那些有困难的同学，让他们感受到来自学校和班级的关爱与温暖，让孤独的内心不再受伤！

(四)活动思考

请学生结合本次模拟法庭活动，写下自己的感悟。

⚙ 拓展延伸

积极应对校园欺凌

校园欺凌是指在校园内外学生间一方(个体或群体)单次或多次蓄意或恶意通过肢体、语言及网络等手段实施欺负、侮辱，造成另一方(个体或群体)身体和心理伤害、财产损失或精神损害等的事件。

校园欺凌已成为全球性问题。要抵制校园欺凌，首先要具备对校园欺凌的识别能力。校园欺凌包括肢体欺凌、言语欺凌、社交欺凌和网络欺凌。肢体欺凌指推撞、拳打脚踢以及抢夺财物等，是容易察觉的欺凌形式。言语欺凌指当众嘲笑、辱骂以及取侮辱性绰号等，是不容易察觉的欺凌形式。社交欺凌指孤立以及令其身边没有朋友等，是不容易察觉的欺凌形式。网络欺凌指在网络发表对受害者不利的网络言论、曝光隐私以及对受害者的照片进行丑化等，是容易察觉的欺凌形式。

校园欺凌在很多人的心里都留下很深的痕迹。这种不良影响，不仅仅体现在受害者身上，而且对施暴者的心灵成长和社会前途增添了很大的阻碍。

对于受害者而言：校园欺凌首先给受害者的身体带来伤害；其次是给受害者带来心理上的伤害，使受害者产生不安全感，产生恐惧和焦虑，易造成受害者性格懦弱、自卑，缺乏信心和勇气；给受害者造成心灵的阴影和伤害，导致受害者厌学甚至辍学。

对于施暴者而言：给他人带来伤害，要承担治疗甚至赔偿费用。他们的行为很难获得社会（主要是学校和家庭、法律）的认可，那些常在中小学打架，特别是加入欺凌帮派的学生，很多最终都走上犯罪道路。

频频发生的校园欺凌打破了校园里原本属于我们的宁静与和谐，为了不让校园这方净土成为另一个"黑洞"，为了不让我们的"花季"变成"雨季"，我们要坚决向校园欺凌说"不"！

一、注重安全，预防为主

校园欺凌的发生通常有两个原因：一是同学间因口舌之争或其他原因导致的肢体冲突；二是为了满足私欲而引起的争执、事端。预防争执和事端应做好以下三点。

（1）与同学友好相处，不轻易发生矛盾。有的学生在遇到矛盾时，不愿意吃亏，认为忍让就是没了面子失了尊严，最终只能使得矛盾不断升级，不断激化。我们应该宽宏豁达，不应为一丁点儿小事僵持不下，斤斤计较，甚至拳脚相加。

（2）避免自己成为施暴者的施暴对象。我们平时不要随身携带太多的钱和手机等贵重物品，不要公开显露自己的财物。学校僻静的角落、厕所或楼道拐角都是校园欺凌的多发地带，我们在这些地方活动时尤其要注意，最好结伴而行。

（3）养成善于"察言观色"的好习惯。多留意身边发生的事，很多欺凌事件的信息可以从校园内同学间的交流中得到。为了保障我们自身的人身安全，我们可以通过电子邮件的形式匿名报告。预防欺凌重于应对欺凌，而这一切需要我们共同参与。

二、面对欺凌，临危不乱

在危险发生的时候，我们一定不要惊慌，保持冷静、清醒的头脑是制胜的关键。我们应克服心里的恐惧，积极地解决问题。

（1）遭受语言欺凌时的自救，应对语言欺凌，我们通常可以采取以下方式：一是淡然处之，二是自我反省，三是无畏回应，四是肯定自己，五是调整心理，六是法律维权。

（2）遭受行为欺凌时的自救，如果被攻击者殴打，我们该怎么办？一是找机会逃跑。二是大声呼救。三是借助一些小动作给自己寻找逃跑的机会。四是求饶。求饶不是懦弱的表现，是减少伤害的策略。

在面对人身和财产双重危险时，应以人身安全为重，舍财保命，以免受到更激烈的伤害。

三、及时举报，以法维权

由于校园欺凌事件的随机性和突发性，许多学生对其产生了恐惧和焦虑。一些学生不敢把事情告诉家长和教师，更不敢报警。忍气吞声往往会导致新的欺凌事件的发生。

在遭遇紧急情况时，一定要在第一时间向家长、老师或警察求助，采取最有效的救助措施。

📋 课后任务

（1）填写规则行为手册，如表17-1所示。

规则行为：每日三省吾身

表 17-1　规则行为手册

日期：　　月　　日——　月　　日　　　　　　　　　　第（　）周

规则遵守/日期	日	一	二	三	四	五	六

（2）绘制黑板报

同学们根据法律的相关知识，以"知法让你更快乐"为主题在班级里绘制一期黑板报。

参考文献

1. 张文.2016.人生：从认识自我开始.大学教育科学，1：112-116.

2. 赵新亮，刘贤伟.2017.霍兰德职业兴趣、深层学习与大学生读研期望的关系研究——基于5所"985"高校大学生的调查研究.高等工程教育研究，2：53-57.

3. 许敏.2009.舒伯的发展理论在职业生涯辅导中的应用.职业技术，4：17-18.

4. 胡高喜，林丽桦，曾栎萤，等.2016.大学生气质类型与职业选择关系探讨.价值工程，6：256-257.

5.（美）丹尼尔·戈尔曼.2010.情商：为什么情商比智商更重要.北京：中信出版社.

6. 方晓义.2012.高中生发展导航·学生用书（第二册）.北京：机械工业出版社.

7. 蔡秀玲，杨智馨.2001.情绪管理.合肥：安徽人民出版社.

8. 钟志农.2012.班主任心育活动设计36例（高中卷）.北京：教育科学出版社.

9. 刘万伦，戴敏燕，杨莉.2016.中学心理健康教育校本课程开发的理论与实践.北京：科学出版社.

10. 刘玉华，刘美涓．2000．大学生心理发展与心理健康．合肥：安徽大学出版社．

11. 吴丽君．2005．马斯洛人性理论初探．硕士学位论文．内蒙古大学．

12. 秦望．2016．高中系列班会课．郑州：大象出版社．

13. 袁章奎．2013．中学班级心理团体活动142——为学生创造积极的心灵成长体验．北京：中国轻工业出版社．

14. 田国秀．2010．团体心理游戏实用解析．北京：学苑出版社．

15. 刘志强，李超．2017．高中生涯手册．北京：北京理工大学出版社．

16. 黄天中．2015．生涯体验——生涯发展与规划．北京：高等教育出版社．

17. 司家栋．2012．高中班级团体心理辅导主题方案．北京：蓝天出版社．

18. 吕春明．2010．职业生涯发展与规划．济南：山东人民出版社．

19. 王铂．2007．专业只占15％．北京：中国书籍出版社．